Da ética à ética

MINHAS DÚVIDAS SOBRE
A CIÊNCIA ECONÔMICA

Cristovam Buarque

Da ética à ética

MINHAS DÚVIDAS SOBRE
A CIÊNCIA ECONÔMICA

EDITORA intersaberes

Rua Clara Vendramin, 58 . Mossunguê
CEP 81200-170 . Curitiba . PR . Brasil
Fone: (41) 2106-4170 . www.intersaberes.com . editora@editoraintersaberes.com.br

Dr. Ivo José Both (pres.) Dr.ª Elena Godoy Dr. Nelson Luís Dias Dr. Neri dos Santos Dr. Ulf Gregor Baranow	Conselho editorial	Informamos que é de inteira responsabilidade do autor a emissão de conceitos.
Lindsay Azambuja	Editora-chefe	Nenhuma parte desta publicação poderá ser reproduzida por qualquer meio ou forma sem a prévia autorização da Editora InterSaberes.
Ariadne Nunes Wenger	Supervisora editorial	
Ariel Martins	Analista editorial	A violação dos direitos autorais é crime estabelecido na Lei nº 9.610/1998 e punido pelo art. 184 do Código Penal.
Arthur Tertuliano	Preparação de originais	
Tiago Marinaska	Revisão de texto	
Sílvio Gabriel Spannenberg	Capa e projeto gráfico	
Fernando Zanoni Szytko	Diagramação	

Dados Internacionais de Catalogação na Publicação (CIP)
(Câmara Brasileira do Livro, SP, Brasil)

Buarque, Cristovam
    Da ética à ética: minhas dúvidas sobre a ciência econômica / Cristovam Buarque. - Curitiba: InterSaberes, 2012.

    ISBN 978-85-65704-64-9

    1. Ciência - Aspectos morais e éticos 2. Ciência - Ética 3. Desenvolvimento econômico - Aspectos morais e éticos 4. Economia 5. Economia - Aspectos morais e éticos 6. Economia - Ética I. Título.

12-06401   CDD-330.1072

Índices para catálogo sistemático:
1. Ética: Ciência econômica: Economia   330.1072

*Aos meus professores,
Celso Furtado, Ignacy Sachs
e Josué de Castro,
que com seus ensinamentos
abriram as portas
para a aventura da dúvida.
E aos meus alunos na UnB,
que, ao longo de vinte anos, vêm
caminhando ao meu lado.*

APRESENTAÇÃO

Quando assumi a reitoria da Universidade de Brasília (UnB), em agosto de 1985, a promoção de professor-adjunto IV para professor titular era realizada por meio da análise dos *curricula vitae* dos candidatos, professores do próprio quadro da universidade. Sem concurso. Era apenas uma promoção, não um concurso disputado com outros candidatos.

Empenhei-me em mudar esse procedimento e, em virtude disso, o Conselho Universitário da instituição aprovou uma mudança: haveria um concurso aberto a candidatos internos e externos aos quadros da Universidade. Depois de um intenso debate, a ideia do concurso perdera por um voto. Foi a única vez que utilizei a prerrogativa do voto de Minerva: votei como presidente do Conselho, depois de ter dado meu voto de empate.

Mesmo assim, o novo sistema limitou o concurso à análise do memorial do candidato ao seu próprio currículo e à sua obra, e não à defesa de uma tese, como eu desejava. Além disso, cerca de 80 professores adjuntos ganharam na justiça o direito de não se submeterem ao concurso e puderam ser promovidos pelo critério anterior. Considerei que, depois de defender o concurso, não seria coerente me beneficiar da sentença da Justiça, e esperei terminar meu mandato antes de submeter-me ao concurso.

Em 1990, surgiu uma vaga no Departamento de Economia e me inscrevi para disputar o posto de professor-titular. Mas decidi que, em vez de um memorial com base em meu histórico, apresentaria uma tese; e, para ficar dentro do regulamento, faria a tese sob a forma de memorial. A solução foi escrevê-la sobre minhas dúvidas sobre a ciência econômica, usando como base teórica os trabalhos que escrevi e os cargos que ocupei e que faziam parte do meu memorial.

Corri grande risco de ser reprovado, pois o memorial parecia uma tese, e a tese não parecia um memorial. Felizmente, fui aprovado pela banca e selecionado entre os candidatos.

Desde então – 1991 – tinha o texto guardado, até ser recentemente provocado a publicá-lo. Decidi manter a tese da forma apresentada no concurso, com as citações de meus trabalhos – tal como um memorial de meu currículo. Essa opção tira a fluidez e agrega certa pretensão, uma necessidade inicial: apresentar um trabalho aos membros da banca de avaliação, interessados em conhecer meu currículo. Mas o que se perde em fluidez e se agrega em pretensão justifica-se pela fidelidade ao texto inicial e ao seu propósito. E faz com que o leitor se sinta parte da banca que examinou minhas dúvidas com relação à economia.

I could devote and dedicate forever
To the truths we keep coming back and back to
(Robert Frost)

Toda rua é sem fim,
mesmo as vielas.
Todo caminho leva a nada,
não importa o destino.
As estradas são sempre esmas,
qualquer que seja o amigo.
Estamos sempre perdidos,
por mais perfeitos os mapas.
(Anônimo africano)

SUMÁRIO

Introdução · 15

I
AS TENSÕES ENTRE CONHECIMENTO, REALIDADE E DESEJO NA ECONOMIA · 29

1 A tensão epistemológica: entre a teoria e o real · 29

2 A tensão teleológica: entre os propósitos e os desejos · 36

3 A tensão dimensional: entre os limites do objeto tradicional estudado e a unidade do novo objeto em formação · 38

II
DA ÉTICA À ÉTICA: AS TENSÕES NA HISTÓRIA DO PENSAMENTO ECONÔMICO DO SÉCULO V A.C. AO SÉCULO XXI D.C. · 41

1 O pensamento marginalizado · 41

2 Da ética à riqueza · 43

3 Da riqueza ao valor · 53

4 Do valor à distribuição · 56

5 Da distribuição ao equilíbrio · 60

6 Do equilíbrio ao crescimento · 63

7 Do crescimento à ética · 71

III
O SÉCULO QUE TERMINOU ANTES · 77

IV
O ESFORÇO PARA REFORMAR A ECONOMIA · 83

V
A REVISÃO DO PROPÓSITO · 89

1 A falência do produto: a pobreza do conceito de riqueza · 89

2 A falência da lógica: o misticismo do método · 97

3 As linhas para a reformulação · 100

VI
A REVISÃO DAS PREMISSAS:
OS TEMAS ECONÔMICOS DA PRÓXIMA DÉCADA · 109

1 A incorporação da natureza · 109

2 O valor da cultura · 120

3 O valor da população · 123

4 A incorporação do tempo · 126

5 A teoria da evolução · 131

6 O poder de regular · 143

7 A aceitação da incerteza · 148

8 A revolução na linguagem · 155

9 A unidade espacial:
a visão nacional e o nacionalismo cosmopolita · 165

VII
UMA AGENDA PARA A MODERNIDADE · 169

1 A redefinição de *moderno* · 169

2 A determinação dos objetivos da Modernidade · 171

3 A economia da pobreza · 173

4 O equilíbrio global · 174

VIII
O ENSINO DA ECONOMIA · 177

1 O fim do reacionarismo teórico · 177

2 O fim do discurso irreal · 179

3 A superação da arrogância · 180

4 A superação do colonialismo · 181

5 A estrutura do curso · 183

Referências · 189

Sobre o autor · 195

INTRODUÇÃO

O matemático G. H. Hardy começa seu formidável ensaio *A Mathematician's Apology** com a seguinte frase:

> *Para um profissional da matemática, é uma experiência melancólica descobrir-se escrevendo sobre a matemática. A função do matemático é provar novos teoremas, avançar a matemática, e não ficar falando sobre o que ele e outros matemáticos fizeram.*

E continua:

> *Eu escrevo sobre matemática porque, como qualquer outro matemático que passou dos sessenta, não tenho mais a vivacidade da mente, a energia, ou a paciência para levar com eficiência o meu próprio trabalho.*

Desde Platão, no título do diálogo em que Sócrates responde às acusações feitas em seu julgamento, a palavra *apologia* significa "o elogio pela defesa de uma ideia ou pessoa". Os doutores do cristianismo tornaram o significado desse termo em "defesa fundamentalista e ortodoxa dos princípios cristãos".

Não é como um elogio da ciência econômica, muito menos como uma defesa fundamentalista dos princípios desta, que este memorial é escrito. Ele também não apresenta a melancolia que sentia G. H. Hardy ao se dedicar à matemática, em vez de à Matemática, porque se considerava no triste tempo de olhar para trás.

---

* Tradução do autor.

É com curiosidade e otimismo que uma reflexão sobre a economia e o economista pode ser feita, desde que o autor se desprenda da frustração com o que sabe (e com o caminho seguido até aqui) e procure descobrir o que não sabe e formular novos conhecimentos para o futuro.

Aprendiz de titular

Ao receber os títulos de professor *honoris causa* e doutor *honoris causa* – pelas Universidades Federais do Espírito Santo[1] e de Alagoas[2], respectivamente – defendi que essas honras só se justificam para aqueles que são capazes de ser aprendizes.[*]

A palavra inglesa *scholar* significa simultaneamente "**uma pessoa instruída**" ou "**quem assiste à escola**". Creio que a titularidade em português deveria ser vista com essa ambiguidade: ser professor e aprendiz, simultaneamente.

No momento da história em que o mundo das ideias atravessa uma crise rara – em que entram em falência não só formulações, mas, também, objetivos e metodologias – o pensamento e a universidade exigem um professor mais capaz de **aprender** do que de **ensinar** o que sabe; que esteja mais preparado para provocar dúvidas do que para distribuir certezas, que instigue novas ideias mais que repita as antigas.

Vivemos uma situação parecida com a que o mundo das ideias atravessou no período entre a Idade Média e os tempos modernos. O título de doutor ou professor só se justifica para aquele que for capaz de ser **aprendiz** *honoris causa*.

---

[*] Fiz discurso semelhante em 1999, ao receber título de Professor Honorário na Universidade Soka Gakkay, em Tóquio, Japão.

O intelectual de hoje deve ser um **renascentista**, bem como contestar e criar, ou não será um intelectual. Ele deve formular perguntas, em vez de oferecer respostas. Seu conhecimento não pode ficar restrito a uma área apenas, mas abranger diversos campos. Suas contribuições não podem se limitar a avanços, mas devem buscar rupturas. Podemos tomar Erasmus como um exemplo mais adequado para o presente do que São Tomás de Aquino, bem como Adam Smith contitui-se em um exemplo mais apropriado do que Marshall ou Marx. Essa ideia foi exposta na orelha do livro *Uma biografia de Erasmus*[3], que mostra o intelectual que esse pensador foi e como isso se ajusta ao presente momento histórico. Se o papel de professor é fazer avançar o conhecimento por meio daquilo que ele formula e ensina, não pode ser professor aquele que imagina tudo saber e tudo transmitir, sem se questionar, olhar ao redor ou se sentir estimulado por novas aprendizagens, que transformariam (ou tentariam transformar), as velhas ideias em novas.

Não se trata apenas, portanto, de formular novos passos, comprovando velhas teorias, mas de contestar as próprias teorias, as bases metodológicas que as sustentam e os objetivos a que elas se propõem.

Depois dos bombardeios, os mapas perdem sentido. O caminhante deve fazer seu próprio mapa enquanto caminha sobre os escombros que substituíram as ruas. Neste momento da história do pensamento, o mundo enfrenta um bombardeio ideológico, os professores vivem rodeados por escombros de ideias, teorias e propostas que estudaram em seus cursos, que leram nos livros e que aprenderam de seus professores.

O termo *sabedoria*, na atualidade, significa conhecer o suficiente para que sua ideia seja contestá-la. O posto de "professor universitário" não permite que o teórico, sem perceber a realidade do caos, se restrinja a tatear os escombros do passado, incapaz de vislumbrar novas vias para o pensamento. A palavra *acomodação* não pode existir no dicionário de um professor, de um acadêmico, de um intelectual. É preciso, dessa forma, que o teórico sinta o gosto pela aventura de caminhar por um mundo sem mapas. Para chegar ao mais alto nível da hierarquia acadêmica, é preciso descer ao mais profundo sentimento da dúvida.

Hoje ocorre (e esse é o ponto central dos trabalhos que relaciono neste memorial) uma crise que supera os ajustes no equilíbrio do processo econômico e abarca os próprios objetivos da civilização, quase todos definidos economicamente.

No mundo inteiro, o século passado foi considerado o primeiro dos economistas. E será o último, se os economistas não mudarem. Um século de pensamento econômico permite afirmar que a ciência econômica fracassou tanto como teoria estética, capaz de aprimorar o conhecimento da realidade, quanto como instrumento técnico, capaz de melhorar o mundo real.

A ciência econômica não fez o mundo melhor nem mais belo; apenas o fez mais rico, definindo *riqueza* como aquilo que a economia produz. A ciência econômica tornou-se tautológica: ela afirma que seu propósito é aumentar a riqueza e define riqueza como aquilo que ela ajuda a produzir.

Nos últimos anos, entrevistando economistas[4], perguntei se estes ajudaram a melhorar o mundo. A maior parte deles respondeu que *sim*. Apesar da desigualdade social, das crises cíclicas e do desequilíbrio ecológico, para esses pensadores o mundo de hoje é melhor do que o de há 50 anos. Creio, no entanto, que a resposta não seja tão simples. Como disse o professor Ignacy Sachs, "não se pode responder, porque não se pode comparar alternativas que não ocorreram".

Creio que a resposta não deve comparar pontos extremos no começo e no fim do século, mas sim o começo e os finais hipotéticos do que poderia ter acontecido se a organização e o funcionamento econômicos tivessem perseguido outros propósitos e usado outros meios, em vez de terem determinado os destinos do mundo moderno. É uma pena que a guerra subordine a economia e a economia subordine a paz. Criou-se uma economia de guerra, mas não uma economia de paz; em havendo paz, o mundo continua subordinado à economia.

O APRENDIZ DE ECONOMIA

Em 21 de janeiro de 1992, o jornal *Le Monde* começava uma entrevista com o filósofo Michel Serrès da seguinte forma:

Le Monde: Segundo o senhor, que é um filósofo...

Serrès: Tento ser.

Le Monde:...e dedicou-se à evolução das ciências, quais podem ser o lugar e o papel da filosofia?

Serrès: Cientista de origem, cheguei à filosofia em razão das questões que o evento de Hiroshima impôs às gerações que o viveram. Para nós, de um golpe, naquela manhã explodiram os problemas das relações entre as ciências, as técnicas, a pesquisa, a sociedade, a política, a violência, a moral e mesmo a religião, problemas tão globais que anunciavam um período novo e demandava uma visão nova: a "big science" e a bomba criaram uma potência com as dimensões do mundo. Esses problemas não pararam de acentuar sua pressão. Há meio século, você não pode citar um só problema que não venha das ciências e de suas relações com a sociedade.

Apesar de mais discretos, porque lentos e silenciosos, os impactos das decisões econômicas podem ser mais destrutivos do que os das bombas atômicas. É suficiente olhar ao redor para ver os efeitos nocivos de decisões tomadas rigorosamente dentro da racionalidade da ciência econômica. Mesmo assim, muitos economistas não conseguem ter a visão que Serrès apresenta em sua entrevista. E o memorial que apresentam é de ufanismo perante o que fizeram.

Por isso, a elaboração de um memorial na área do conhecimento da sociedade – realizado por uma pessoa que esteve envolvida na luta por transformações sociais – pode ser um momento doloroso. A lembrança do que aprendeu e do que fez pode significar relembrar fracassos. A crise no pensamento econômico e a onda de conservadorismo podem se unir às frustrações existenciais do tempo desperdiçado – a frustração do fracasso dos resultados não obtidos. A solução está em elaborar um memorial que olhe para o futuro e o imagine em vez de lembrar do passado com foco na possibilidade de construir, não no elogio ao que construiu*. Em vez de um currículo do que se fez, apresentar o que se está fazendo e projetar o que se pensa em fazer. Em vez de um currículo composto de funções "**ex-**", um currículo de funções "**pré-**".

---

* Em artigo no *Jornal do Brasil*, em 31/5/1999, tratei do doloroso sentimento que tive durante uma visita a Honduras, em 1999, 25 anos depois de ter vivido lá, trabalhando como economista do BID. Fui àquele país a convite do Unicef, para implantar a Bolsa-Escola na América Central. Vi, um quarto de século depois, que os projetos que eu havia deixado e os resultados que queríamos ajudaram no desenvolvimento daquele país, mas que em nada tinham reduzido o quadro de pobreza, como imaginávamos em 1973. Foi, em parte, com base nisso que elaborei o documento *The Revolution of Small Things*, apresentado em seminário realizado pelo Banco Mundial, em Washington, em junho de 1999, propondo um novo enfoque na luta contra a pobreza.

Essa opção se justifica não apenas por razões existenciais. Em um mundo de mudanças radicais na realidade social e nas teorias que tentam explicá-la, bem como nos propósitos aos quais estas tentam servir, o estudo da vida pregressa não indica de forma suficiente o mérito de um professor na ativa, pois não mostra sua potencialidade e seu desejo de enfrentar as mudanças e construir novas formas de pensar.

Se isso é uma realidade para qualquer intelectual ou professor universitário, deve ser ainda mais para um professor titular de Economia. Assim como, na Renascença, a criação de um novo paradigma partiu de estudos relacionados à teologia, a formulação de novos paradigmas sociais é exigida especialmente naquela área que tem se comportado como uma teologia dos tempos modernos: a legitimadora dos objetivos utópicos e a orientadora do caminho dessa utopia.

Por essa razão, mais do que em outras áreas do conhecimento, existe na economia uma exigência de aprendizagem contínua, para que o professor titular seja um **aprendiz titular** de uma nova ciência que ajudará a entender a **relação homem-natureza** na busca da construção de uma nova utopia.

O APRENDIZ DE BRASILEIRO

Se a utopia da civilização industrial está em crise no mundo, poucos países retratam mais seu fracasso do que o Brasil. O país está entre os que mergulharam com maior êxito, por quase 100 anos, na experiência da utopia industrial e, simultaneamente, entre os que mais fracassaram nos resultados civilizatórios. Muitos países ainda não penetraram suficientemente, outros ainda têm motivos para acreditar em suas possibilidades. O Brasil realizou e fracassou.

No Brasil, mais do que em qualquer outro país em desenvolvimento do mundo, o conhecimento foi usado para realizar um projeto social e teve êxito nos objetivos econômicos. E mais do que em qualquer outro país, sem exceção, fracassou no ponto de vista social e ético.

Por essa razão, ser um economista brasileiro representa, atualmente, um dever maior de ser um aprendiz do que nos demais países e pode ser um drama para aqueles que se horrorizam com o fracasso ético da técnica por meio da qual suas teorias foram utilizadas. Mas pode, também, ser uma sorte para os mais atentos ao fato de que nenhum país representa melhor a problemática da civilização, em todas suas manifestações, sejam boas, sejam más[5], com todos os recursos e necessidades respectivos.

O APRENDIZ DE UNIVERSITÁRIO

Para ser um aprendiz titular de economia no Brasil, não basta ter consciência da crise do pensamento. É preciso também entender a crise igualmente forte vivida pelo ambiente de trabalho do professor: a universidade.

A universidade surgiu e se fortaleceu durante o período da crise do dogmatismo medieval[6]. Despontou como uma reação à incapacidade dos conventos de se reciclarem e captarem o novo conhecimento que aflorava fora de seus muros. Em momentos de paradigmas civilizatórios consolidados, a universidade se enfraqueceu como centro privilegiado da geração do novo saber. Ainda que possa gerar técnicas úteis, em tais períodos, essa instituição se limitou basicamente a comprovar, traduzir e transmitir pensamentos tradicionais, quando seu verdadeiro papel era o de transgredir, de romper com o pensamento tradicional[7].

Lamentavelmente, no atual momento de crise, a universidade brasileira continua presa ao passado, ao paradigma anterior àquela: sua estrutura não rompe e não avança. Ela deixou de entender a crise social como elemento básico de seu avanço e fica presa a estruturas, metodologias e funções que lhe impedem de cumprir seu papel[8].

O professor titular deve ser aprendiz não só em sua área de conhecimento, mas também em sua função de universitário. Deve se comprometer com o entendimento não só do futuro de sua especificidade, mas também do meio utilizado para cumprir seu papel.

Esse meio, no entanto, não deve ser visto como o centro isolado de geração e divulgação de ideias. A universidade não criará o novo nem justificará sua criação se não for capaz de se relacionar com o real e misturar-se a ele a fim de formular novas ideias e espalhá-las pelo mundo, em linguagem inteligível. Por essa razão, a titularidade só é justificável para um professor que consiga falar a linguagem das pessoas do mundo, não apenas a daquelas isoladas no tempo e espaço universitários. Nesse sentido, Hardy enfrenta sua melancolia para falar com o mundo **sobre** a matemática, em vez de falar com o futuro **por meio** da matemática.

O modelo de titular para o presente deve continuar o que disse o filósofo Sócrates, segundo Cícero: "first called philosophy down from the skies, set it in the cities and even introduced it into homes, and compelled it to consider life and morals, good and evil".[1,2]

Como reitor da UnB[9], lutei para que a promoção ao nível de professor titular deixasse o âmbito restrito, silencioso e escondido da análise do currículo do candidato pelos próprios pares do Conselho de Ensino, Pesquisa e Extensão, e se transformasse em um concurso público aberto, que forçasse o candidato a elaborar uma tese e disputar com outros quem serviria melhor à universidade. A disputa no conselho universitário forçou-me a exercer, uma única vez em quatro anos, o direito ao voto de Minerva a favor do concurso público, quando a maioria fazia prevalecer a continuidade do sistema fechado, apenas de títulos, sem concorrência, para os professores já inscritos e presentes no quadro docente da universidade.

Coerente com aquela posição, não aceitaria me submeter a um concurso fechado. A crise da economia não justifica um concurso com base apenas no memorial sobre o passado retratado no currículo.

A necessidade de fazer avançar a ciência econômica exige mais potencial de trabalho para o futuro do que o reconhecimento por sua obra passada. A titulação não deve ser vista como a coroação que antecipa a aposentadoria. Principalmente considerando que, como sempre defendi, essa aposentadoria não deveria vir cedo, depois de apenas 30 anos de serviços. Ela não deveria ser concedida com base nos serviços prestados antes, como o reconhecimento de um atleta em uma equipe esportiva, mas sim no potencial do candidato de participar de um seleto grupo de professores que possam colaborar para a olimpíada que vem adiante: um embate teórico futuro no mais alto nível da formulação do pensamento.

Diante da crise, esse alto nível é sinônimo de capacidade de duvidar do conhecimento adquirido e de oferecer um roteiro de trabalho para o futuro[11].

CANDIDATO A APRENDIZ

Este memorial-tese se apresenta com o objetivo de justificar a candidatura com base nas perspectivas futuras do trabalho do candidato. Nos trabalhos e pontos do passado, no acúmulo e nos serviços prestados, procura-se resgatar as raízes dos possíveis trabalhos futuros para a teoria econômica, para a economia brasileira e para a universidade, na tentativa de superar as tensões existentes entre o pensamento e a realidade. Não são, portanto, levados em conta trabalhos, cursos e ideias sem relação com a construção do futuro. A apresentação do currículo, que seria a base do memorial, segundo as normas do concurso para titular, segue anexa, como documento adicional, com a finalidade apenas de cumprir a obrigação regulamentar e revelar outros aspectos da vida do candidato que possam interessar à banca[*].

O memorial apresenta as dúvidas do candidato e procura servir como roteiro para seu trabalho, com vistas a contribuir para a superação das mesmas, no futuro, como titular.

Creio que as dúvidas apresentadas devam servir para justificar o pleito de professor titular da UnB. Tenho dúvidas a respeito de se esse título deveria ser oferecido por um departamento específico, dentro da ideia que sempre defendi de que a universidade deveria ser maior do que a soma de seus departamentos[11] e propiciar a criação de núcleos multidisciplinares, nos quais teses como esta fossem julgadas por profissionais de diversas áreas, não apenas da economia.

---

[*] Obviamente, para esta publicação, não há razão para repetir o *curriculum vitae*. Manteve-se a referência apenas pela obrigação de fidelidade ao memorial-tese apresentado em 1991.

Espero que tenham questionamentos quanto às dúvidas apresentadas – se elas são o fruto da crise do pensamento ou o resultado do despreparo do candidato. Tenham dúvidas quanto ao fato do candidato merecer ser professor titular, mesmo reconhecendo suas dúvidas, ou ao da ciência econômica merecer ter titulares, em face de tantas fragilidades de seu arcabouço teórico.

Se duvidarem, terei cumprido o meu papel, como professor, de provocar dúvidas. Mais que isso: terei cumprido o principal objetivo de um economista e professor universitário no mundo de hoje: viver a aventura de procurar e perguntar, sem esperar encontrar ou responder.

Aprendiz de candidato

Um economista precisa ser pragmático no uso de seu tempo. Sobretudo se quiser ser um titular de professor de Economia. A apresentação de um memorial, na forma tradicional da descrição do próprio *curriculum vitae* do candidato no passado, além da facilidade na aprovação e conquista do título, traria dois valores: o valor intangível, do prestígio do novo título, e o tangível, do acréscimo salarial até a aposentadoria, graças à promoção à titularidade. Mas o custo de oportunidade do tempo gasto na preparação do memorial não compensaria o aumento salarial. Considerando um professor de 50 anos, e a aposentadoria compulsória aos 70, qualquer consultoria internacional, realizada em períodos de licença sabática, ofereceria um valor presente líquido superior ao dos aumentos no salário. Portanto, o tempo empregado na preparação do memorial não é um bom investimento para um economista com acesso a esse tipo de mercado. Se esse pragmatismo é válido para qualquer candidato, vale ainda mais para um economista que fez sua carreira baseando-se sobretudo na especialidade de avaliação de projetos, área que possui sua maior contribuição teórica até o momento e seu mais conhecido livro.

Além disso, um bom economista não pode deixar de levar em conta o risco de não ser aprovado e de ter todo seu trabalho desperdiçado. Se tal inconveniente ocorre, o seu memorial tradicional, pessoal, biográfico, tem tal resultado. Isso não se aplicaria, contudo, no caso de um memorial alternativo, uma tese de reflexão com valor independente dos resultados do concurso: um memorial-tese, que tenha valor em si, se justifique por si e sirva como texto de debates para alunos e outros interessados, independentemente da aprovação de seu autor.

Foi esse pragmatismo e o desejo de colaborar na aventura de fazer avançar o pensamento econômico que me fizeram escolher o memorial-tese aqui apresentado, mesmo sabendo do risco de não atender plenamente o desejado pela banca, e até de criar dúvidas pela interpretação do edital de concurso.

Foi esse espírito de aventura intelectual, mais do que o título em perspectiva, que me moveu a ser submetido à banca com um memorial-tese sobre minhas dúvidas até aqui e para o futuro, no lugar do memorial simples sobre os cargos que ocupei e publicações em que apresentei minhas antigas certezas. Foi esse espírito de aventura intelectual que me fez escolher o caminho da dúvida. E é ele que me permite agradecer aos membros da banca, porque qualquer que seja o resultado, a aventura já foi vivida, ao escrever este texto e ao aprender a ser candidato.

Pragmaticamente, porém, os membros da banca encontrarão as referências às certezas do passado nas notas de rodapé do texto. Afinal, na ciência, as certezas do passado não passam de notas de rodapé nos livros de história, assim como são os itens de um currículo na história de um profissional.*

---

* No texto original, os itens do *curriculum vitae* foram apresentados em notas de rodapés, para que a banca ligasse a tese ao memorial. Nesta publicação, pensei em eliminar essas referências, para não cansar o leitor. Preferi deslocá-las para o final do capítulo, para ser fiel ao texto original sem causar incômodos. O leitor não precisa levá-las em conta, se assim não desejar. Mantive também em notas, com asterisco, o que acrescentei fazendo a revisão atual.

I
AS TENSÕES ENTRE CONHECIMENTO, REALIDADE E DESEJO NA ECONOMIA

Como todas as ciências, a economia evolui a partir da tensão entre o conhecimento teórico e a realidade que tenta explicar. Isso ocorre, por exemplo, na física, na astronomia e nas diversas ciências do mundo das pedras, das plantas e dos animais. A cada momento, percebe-se que a teoria não explica suficientemente a realidade: a tensão se mantém até uma nova teoria tomar o lugar da anterior.

No caso do conhecimento que visa explicar o mundo e seus produtos, seus serviços e suas regras, ocorre mais uma tensão entre a realidade e os desejos sociais dos homens em cada sociedade. Há também uma tensão entre esses desejos e os limites físicos, as possibilidades políticas, o marco ideológico e as características culturais. Além disso, em certos momentos, surge uma tensão referente à abrangência do objeto a ser estudado. Como se, para conhecer mais, fosse preciso, às vezes, reduzir e, outras vezes, ampliar o objeto de estudo e suas relações com o resto do mundo.

1
A TENSÃO EPISTEMOLÓGICA: ENTRE A TEORIA E O REAL

O que faz avançar o conhecimento econômico é a tensão entre a realidade do processo social e a teoria que o explica: a realidade permanentemente cria novos agentes, métodos e propósitos, e se organiza de modo diferente, enquanto o pensamento ainda continua preso ao passado, o que gera a tensão. Uma nova teoria ajusta o conhecimento, adaptando-o à realidade.

Um exemplo típico se deu no tempo de São Tomás de Aquino (1225-1274). Envolvida no conjunto do pensamento escolástico, que via o processo social como parte do processo divino, a teoria vigente não só não explicava como também aprisionava aos valores éticos medievais o crescimento do comércio, a formação de preços e o uso dos juros. O pensador tentou romper a tensão entre a teoria e a realidade, formulando os princípios do **preço justo**, para explicar quando o preço poderia gerar lucros e os juros poderiam ser cobrados. Mesmo assim, a tensão continuou.

À medida que o mercantilismo se afirmava, foi preciso que Molina (1535-1600), Duns Scotus (1265-1308), Malynes (1586-1641), Mun (1571-1641), Misselden (1608-1654) e Serra (1580-1650) colaborassem para que os conceitos fossem se ajustando à nova realidade. Ainda assim, o avanço teórico ainda era limitado, pois o pensamento econômico não contava com o mesmo avanço no aparelho intelectual, especialmente no que concerne à filosofia, aos métodos epistemológicos e à matemática.

Enquanto o pensamento continuava preso à ética do cristianismo medieval e à visão do processo social como parte do mundo espiritual da salvação das almas, o pensamento econômico não conseguia avançar. Continuava preso à razão maior da ética que regulava os propósitos da religião cristã, preso aos valores éticos que amarravam a dinâmica da realidade social e, assim, servia para justificar em vez de para explicar.

O que viabiliza o salto do pensamento econômico, ocorrido no século XVIII, e alivia a tensão entre a realidade e o marco teórico, é o surgimento dos instrumentos necessários ao avanço do pensamento. Como decorrência da filosofia social, em contraposição à filosofia puramente teológica, e da libertação do pensamento das amarras da ética religiosa, surgem novos instrumentos básicos para a revolução no pensamento econômico.

O primeiro instrumento é a própria liberação do pensamento econômico em relação ao marco ideológico vigente. Com a filosofia social, que definia o mundo das ideias independentemente do mundo religioso, o pensamento deu o primeiro passo de sua reformulação rumo à redução da tensão em um mundo social que não cumpria as normas éticas prevalecentes: os juros continuavam existindo, apesar de serem considerados pecado, bem como a prática da especulação em momentos de crise, embora fosse defendido o preço justo. O pensamento não avançava porque os juros e o preço de mercado eram vistos como pecado, um conceito ético.

Com o advento da ciência da natureza humana e do psicologismo, desenvolvidos principalmente por Hobbes (1588-1679) e Locke (1632-1704) para explicar o comportamento humano com base no empirismo e no sensacionalismo, a lógica com a qual o indivíduo e a sociedade se comportam deixa de ser explicada com base em objetivos religiosos, e o futuro passa a não mais ser a vontade de Deus. Surge a ideia de que os indivíduos e o conjunto social têm um comportamento racional que não é guiado pela ética mítica, não vem do céu nem visa ao prejuízo.

A ética e a estética deixam o nível das explicações divinas. Surgem a ética e a estética analíticas, definindo valores que regulam o comportamento das pessoas. O sentimento decorrente do simbolismo religioso se transforma nas emoções do sentimento estético e dos valores éticos. O **belo** e o **justo** ganham independência como fenômenos dos homens, e não apenas como parte do processo de aproximação com Deus.

Graças ao empirismo filosófico, retomado dos gregos e desenvolvido posteriormente pelos filósofos ingleses dos séculos XVII e XVIII, surgiu a possibilidade de que as ideias decorressem do próprio mundo real em sua interação com o pensamento.

O comportamento humano tornou-se independente e surgiu a possibilidade de explicá-lo. Hobbes avançou, com uma explicação baseada no egoísmo. Shaftesbury (1671-1713) complementou, com a ideia de que a vivência social leva ao altruísmo. Hume (1711-1776) e Hutcheson (1694-1746), por sua vez, desenvolveram o pensamento de que, egoisticamente, sente-se prazer no altruísmo.

Tais reflexões permitiram a criação das bases preliminares para que o conhecimento econômico avançasse, aceitando-se que:

- todo o conhecimento de um indivíduo vem de suas experiências durante sua vida;
- essa experiência vem das sensações levadas à sua mente;
- toda a atividade mental, inclusive as paixões, é desenvolvida na mente por meio das sensações.

Mas o **belo** e o **justo** continuavam ligados entre si. Algum tempo seria necessário até que **belo, justo, certo, beleza, justiça** e **certeza** tomassem rumos separados no pensamento social.

Faltava uma nova visão de história capaz de perceber um processo evolutivo, tal como nas ideias de Condorcet (1743-1794) e del Vicco (1668-1744), no saber que se convencionou chamar de *sociologia histórica*, de acordo com a qual a sociedade passou a ser vista como um processo de mutação. Esses pensadores não foram os primeiros. A ideia de progresso já estava presente desde os gregos, mas era vista de forma cultural e individual, não material nem como processo social em etapas.

Com base nesse novo arcabouço – o experimentalismo, a racionalidade e o progresso –, criou-se a lógica da economia, decorrente do interesse próprio, do bem comum e do utilitarismo. O conceito do **interesse próprio**, desenvolvido por Bentham (1748-1832), é, no fundo, a lei natural explicando os valores produzidos pelo comportamento humano.

Mais recentemente, esse arcabouço de instrumentos teve o acréscimo da **dialética hegeliana** e das bases matemáticas que permitiram, a partir da segunda metade do século passado, construir as análises marxista e neoclássica e todas as escolas teóricas que gravitam em torno delas.

Nessa base o pensamento econômico se consolidou. Hoje, em um momento de forte tensão entre o real e a teoria, ela só funciona como amarra para novos avanços.

Ao criar um pensamento separado da teologia, retomou-se o antropocentrismo da origem do pensamento grego. Ao se afastarem de Deus para explicar as coisas do mundo, os homens se assemelharam a Ele com um arrogante sentimento do próprio poder. Afastaram-se da dependência dos mistérios da vontade divina, e se aproximaram da própria vontade, como se fossem deuses.

A **filosofia natural** trouxe um grande avanço teórico, analisando o fenômeno social do universo e as coisas divinas separadamente, levando o homem para o centro desse fenômeno, criando, dessa forma, as bases da ciência econômica contemporânea. Mas, apesar do nome, a citada corrente filosófica não foi capaz de apresentar uma visão que incorporasse a natureza como parte do processo, tratando-a como objeto, desprezível, sem valor, despensa ou depósito, não como sujeito e parceira do processo civilizatório.

Depois de avançar da teologia para a filosofia da natureza, surge no final do século XX a necessidade de consolidar uma **filosofia ecológica**, que unifique no mesmo projeto o homem e seu entorno, as pedras, as plantas e os animais com os demais homens e seus produtos.

Depois de captar o sentimento de progresso e transformá-lo em um dos mais fortes valores sociais, a lógica econômica foi capturada pela ideia de progresso como sinônimo de crescimento econômico, e este como similar à civilização, propósito teleológico do homem. Ao humanizar o destino da humanidade, retirando-o dos desígnios divinos, o ser humano se materializou e restringiu sua própria finalidade à de transformador de pedras, plantas e animais em produtos da economia. Abandonou a dependência do espírito de Deus e caiu na natureza material do homem. Não só deslocou a ética, como também eliminou a moral.

Hoje, isso impede que a ciência econômica avance, pois dificulta o tratamento do problema ecológico, despreza a preocupação com a justiça, amarra o conceito de riqueza à produção material e ignora o problema da relação entre os homens. Faz com que a natureza seja tratada como despensa a ser saqueada no processo de produção e depósito onde jogar o lixo proveniente deste. Amarra o projeto histórico ao instante da produção, substitui o patrimônio acumulado pelo produto consumido, o século por um ano, o uso pelo consumo. Considera os homens como objetos para o consumo dos bens produzidos, e não como os instrumentos de um projeto civilizatório, no qual o consumo é um dos vetores, mas não o centro. Conduz as relações entre os indivíduos, substituindo a cooperação pela competição, diferenciando-os em vez de construir o caminho para a igualdade.

Ao separar o **certo** do **justo**, a ciência econômica perdeu a dimensão moral de ferramenta para a construção do bem comum.

Ao separar o **belo** do **justo** e do **certo**, essa mesma área do saber perdeu a dimensão da harmonia para a qual ela deveria servir, como explicadora e como formuladora.

Será necessário fazer avançar a ética como parte dos instrumentos de regulação do processo econômico. Se, nos séculos XVIII e XIX, o homem avançou quando construiu um pensamento livre da ética explicativa do mundo, no final do século XX, o avanço passou a ser dominar a aparente neutralidade da ciência econômica, subordinando-a a uma ética reguladora, na qual a natureza tenha valor[12].

Será necessário também fazer avançar a estética como parte dos instrumentos de regulação do processo econômico. Agora, o avanço da economia exige o domínio da ciência econômica, para que esta incorpore a necessidade da beleza no mundo que ela constrói, por meio da harmonia dos homens entre si, bem como entre os produtos que cria e a natureza.

Nesse século XXI, a ciência econômica não deve buscar apenas construir um mundo mais rico, mas também mais justo e mais belo. Isso deve ser um objetivo da própria ciência, não uma consequência externa da política, o que exige a troca da tensão epistemológica entre o mundo como ele é e como é explicado pela tensão entre o mundo como se quer que seja e as teorias que o explicam e induzem a essa nova realidade.

2
A TENSÃO TELEOLÓGICA:
ENTRE OS PROPÓSITOS E OS DESEJOS

Nos últimos 200 anos, na maior parte dos casos, as crises da ciência econômica limitaram-se a resolver as imperfeições relacionadas à forma como o processo econômico era entendido e de como ele deixava de realizar seu propósito. É o caso, por exemplo, das crises de desemprego e inflação no capitalismo, ou das quebras de safra e descumprimento de metas nos países socialistas. A economia entrava em crise por não realizar seu propósito e a teoria por não explicar nem corrigir a situação – uma tensão entre a ciência e a realidade.

As teorias existentes não eram capazes de explicar nem de oferecer caminhos para superar a crise. Mas não havia descontentamento nem tensão entre os propósitos da economia e os desejos da sociedade. Foi o caso da crise de 1929, em que o arcabouço teórico foi superado pelas propostas novas de Keynes, mas o propósito social continuou o mesmo. O objetivo da nova teoria era apenas ajudar a por a economia no mesmo caminho de antes, de crescimento para formação de uma sociedade de consumo. Não havia qualquer contestação aos propósitos da economia, uma vez que se assumia que os propósitos econômicos estavam sintonizados com os desejos sociais. As reformas sociais e o socialismo, como foram implantados na maior parte dos países, significaram mudanças no objeto da distribuição do produto econômico, mas não representaram ruptura dos propósitos tradicionais da economia.

Houve outros momentos, porém, em que tais propósitos entraram em conflito com os desejos sociais. A definição de riqueza já não satisfazia.

Isso aconteceu no final da Idade Média, quando a consolidação do mercantilismo exigiu uma ruptura com a visão religiosa segundo a qual o processo social era interpretado. Não bastava mais manter o desejo social do céu e o comportamento econômico amarrado aos preceitos de virtude. A riqueza já não podia ser definida em função do acúmulo de relíquias nem medida pelas indulgências, mas ainda não se havia admitido, de forma generalizada, o conceito de riqueza em função do entesouramento de metais preciosos.

Houve um longo período de tensão entre os tradicionais desejos sociais e os novos propósitos econômicos. Os novos agentes econômicos tinham desejos próprios diferentes dos sociais: eles já construíam um novo propósito – a riqueza material do ouro – enquanto o desejo social continuava definido pela religião – as relíquias, as catedrais e a vida eterna.

Em certas ocasiões, os desejos sociais avançam de forma mais rápida, e se modificam enquanto os propósitos econômicos continuam presos. Isso aconteceu quando o propósito ainda era o entesouramento, mas o desejo social já era o do aumento do fluxo de consumo. A ideia de medir riqueza pela produção, e não pelo patrimônio em metais preciosos, já existia e havia sido considerada ainda no século XVII, por Child (1630-1699), entre outros, mas não se expandiu imediatamente. Durante séculos, persistiu o conflito entre o propósito de entesouramento e o desejo de consumo. Somente depois de Adam Smith (1723-1790), e desde o final do século XIX, é que prevaleceu definitivamente o novo desejo: a produção. O propósito econômico adaptou-se, assim, aos desejos sociais, eliminando a tensão.

Desde então, mesmo as crises mais sérias, como a de 1929, foram atravessadas com harmonia entre o propósito econômico e os desejos sociais. Só a partir dos anos 1960 a tensão retornou.

A contestação ideológica ao consumo como instrumento de realização existencial; as formulações neomalthusianas, apontando para a impossibilidade de se manter o ritmo desse enriquecimento; e a contestação política, indicando a injustiça da distribuição da riqueza – tudo isso aos poucos corroeu o atual conceito de riqueza, baseado no Produto Interno Bruto (PIB). Mas a tensão se manteve. A sociedade começou a perceber que seus desejos não coincidiam com os propósitos econômicos tradicionais e que a economia não construiu (nem intentava construir) a utopia esperada. Além disso, continuava prisioneira do velho conceito de riqueza: o PIB.

A solução já não está em uma simples retomada do crescimento, mas em uma reformulação dos propósitos econômicos, que devem ser reajustados a fim de eliminar a tensão entre eles e os desejos civilizatórios da sociedade.

3
A TENSÃO DIMENSIONAL – ENTRE OS LIMITES DO OBJETO TRADICIONAL ESTUDADO E A UNIDADE DO NOVO OBJETO EM FORMAÇÃO

Nos últimos dois séculos, apesar das mudanças teóricas e de propósitos, não houve tensão na dimensão do objeto de estudo: a riqueza nacional e individual. Mudou o propósito, mudou a teoria, mas as unidades continuaram sendo a nação e o indivíduo.

No momento em que a tecnologia tem poder e efeitos que extrapolam as fronteiras nacionais, surgem na sociedade não só tensões epistemológicas e teleológicas, mas também uma insatisfação em relação ao tratamento do problema econômico de forma limitada à unidade nacional.

A ideia do individualismo e do egoísmo como base do bem comum foi um avanço em relação ao corporativismo religioso medieval. No entanto, a realidade criou uma nova problemática, na medida em que a busca do bem-estar e do prazer individual são feitas hoje por indivíduos que possuem um poder de dimensões planetárias. O individualismo só poderia levar ao **bem comum** se o poder de cada indivíduo não tivesse potencial catastrófico. A partir de certa "quantidade" de poder, os efeitos se expandem de tal forma que a racionalidade egoísta pode levar ao **mal comum**. Surge a necessidade de uma revisão capaz de inverter as propostas do Iluminismo, de forma que os projetos individuais dependam e sejam vistos em função do bem comum.

A poluição das centrais nucleares, as mudanças no clima pelo consumo de determinadas mercadorias ou pelas grandes obras de represas, as migrações em massa possibilitadas pelos modernos e baratos sistemas de transporte e provocadas pela expulsão e atração de origem econômica, todos esses são efeitos planetários, embora as decisões sejam tomadas por uma racionalidade nacional e, às vezes, pessoal de algum agente econômico. Atualmente e nas próximas décadas, o objeto da economia não poderá ignorar os efeitos ecológicos e tampouco poderá deixar de incluir a natureza como parte do objeto de estudo, bem como todo o planeta como a unidade econômica.

A contribuição dos fisiocratas, tentando dar valor à terra, não avançou, em relação às necessidades de hoje, por verem a terra no sentido de **solo**, quando hoje necessitamos vê-la como Terra, **nosso planeta**. Por outro lado, quando ainda se buscava libertar o conhecimento das amarras da ética, os fisiocratas já tentavam aprisionar o conhecimento econômico na ética que privilegiava a posse da terra nas mãos dos agricultores, algo que combina hoje com o posicionamento da economia, que justifica a posse da Terra para a presente geração, os consumidores e sujeitos que detêm o poder sobre os agentes econômicos.

A ciência econômica tem diante de si o desafio de ir além da micro e da macroeconomia e de passar a ver o mundo não só como a relação entre economias nacionais, mas como economia global, planetária.*

---

* Sobre esse assunto, publiquei diversos trabalhos depois da elaboração deste memorial--tese. Cito especialmente três livros, para os que se interessarem pelo assunto; *A cortina de ouro*, 1994; *Admirável mundo atual*, 2001; e *Os instrangeiros*, 2002.

II

DA ÉTICA À ÉTICA: AS TENSÕES NA HISTÓRIA DO PENSAMENTO ECONÔMICO DO SÉCULO V a.C. AO SÉCULO XXI d.C.

1
O PENSAMENTO MARGINALIZADO

Todo professor titular que quiser participar da construção do futuro deve se imaginar como elaborador de um livro de história do pensamento econômico. Mas, se ele trabalha para o futuro, também deve rever a análise dos fatos dessa história e apresentá-la à luz das exigências da crise presente, pois o entendimento do futuro se inicia com conhecimento de suas raízes, numa busca de se entender o passado. É pela história do pensamento e da realidade econômica que deve iniciar a busca do futuro pensamento econômico que resultará em uma nova economia.

Tenho trabalhado esse tema nas disciplinas de História do Pensamento Econômico e Teoria do Desenvolvimento Econômico na UnB. Ele também serviu de base para o último capítulo do livro *A desordem do progresso*[13], intitulado "**Da ética à ética**", em sua edição na Inglaterra.

Nessas aulas e neste livro, dividi o pensamento econômico em seis etapas que atravessam os 2.500 anos de história das ideias, sempre gravitando em torno de uma preocupação central. Ao longo de todo esse período, percebe-se o desprezo com o qual a ciência econômica, produto do pensamento ocidental, trata o pensamento oriental.

Cem anos antes de **Platão** (427-347 a.C.), **Confúcio** (537-479 a.C.) codificou uma visão da sociedade que não só explica, mas, também, tenta regular o processo social. Mas o Ocidente não a reconhece. Em parte por desconhecimento, mas principalmente porque o objeto da economia ocidental tem características diferentes das da China Antiga, e sobretudo porque a forma de captar o real e influir nele, segundo Confúcio e a visão clássica oriental, choca-se com o método ocidental de observar, explicar e formular a economia, presente desde a Grécia, repassado pelos desvios herméticos do período medieval.

A visão econômica do Ocidente tem preferido ver o avanço como a sucessão do velho pelo novo, enquanto Confúcio propunha que o novo seria o resultado da reanimação de velhos e permanentes valores. A economia ocidental optou pelo enriquecimento material, enquanto Confúcio, como Platão e Aristóteles, concentrava o propósito social no acúmulo da cultura. O confucionismo via (e ainda vê) o processo social de desenvolvimento moral da sociedade como parte do sistema da "grande transformação cósmica", o que lhe permite uma visão integrada da relação da economia com a ecologia.

Todo economista que deseje entender as relações sociais e aquelas que há entre a sociedade e a natureza, ou mesmo que deseje questionar o pensamento econômico, deve dedicar esforços ao conhecimento e à compreensão do pensamento desenvolvido no antigo Oriente. A submissão do pensamento econômico à estrutura da lógica, da epistemologia e dos métodos das ciências naturais fez os economistas taxarem de *misticismo* tudo que vinha do pensamento oriental. Antes dos economistas, muitos físicos, como Fritjof Capra, e historiadores modernos das ciências naturais, já haviam descoberto essas formas alternativas de pensar.

No entanto, os economistas parecem ser fortemente conservadores quanto a olharem para o futuro – dirigem ridicularizando o espelho retrovisor, que tem muito a ensinar na prevenção de desastres.

Será muito difícil encontrar novos caminhos para o pensamento econômico se os economistas não conseguirem se livrar das amarras teóricas e epistemológicas e dos propósitos utópicos da riqueza ocidental. Uma das bases de apoio para romper essas amarras é o estudo do pensamento clássico, das visões primitivas e selvagens e do pensamento antigo oriental.

2
Da ética à riqueza

Certo dia, nestes últimos 10 mil anos, alguém pela primeira vez perguntou-se como e por que se dava o processo de produção e distribuição dos bens que ele utilizava. Iniciou-se aí o pensamento econômico.

Durante milênios, esse pensamento permaneceu estancado ou isolado por pensadores individuais e limitado a aspectos específicos do setor produtivo. Foi preciso aguardar o surgimento dos gregos, há cerca de 2.500 anos, para que, pela primeira vez, um pensamento lógico e sistemático fosse elaborado e transmitido de forma consistente para a posteridade, graças ao esforço de **Platão** e **Aristóteles** (384-322 a.C.). Mas *A república* é um texto que mistura análise da economia com os sonhos utópicos do autor, no que Schumpeter (1883-1950) chama de "romance de estado" ou "novela política", conforme sugere seu tradutor para o espanhol.

Esse pensamento lógico grego tinha resquícios de valores éticos, via a riqueza como avanço da cultura e reputava o enriquecimento material como indesejável.

Com a decadência grega e a queda do Império Romano, esse pensamento ficou estagnado e esquecido durante quase 1000 anos. Ressurgiu de forma quase mística com São Tomás de Aquino, que se dedicou menos a explicar a economia e mais a ajustar as interpretações cristãs aos novos propósitos e valores que então surgiam no mundo mercantilista.

Foram necessários mais 500 anos de debates entre pensadores, panfletários e empreendedores até que, no século XVIII, surgisse um pensamento sistêmico para explicar como funcionava a economia dos países – e outros quase 200 anos para que, no século XX, esse pensamento se tornasse uma obsessão na sociedade.

A PRÉ-HISTÓRIA DA RIQUEZA

Surgida da preocupação com o comportamento dos atores econômicos e aliada à curiosidade de se conhecer a realidade, a ciência econômica se iniciou com a busca de abolir a ética[14] na base do pensamento e o desafio de redefinir, explicar e aumentar a riqueza. Não por acaso o livro-chave da ciência econômica foi escrito por um professor de moral, Adam Smith, que escolheu para a obra o título de *A riqueza das nações*. A preocupação central era apresentar a riqueza sob sua forma "real", separando-a do entesouramento mercantilista, e explicar como a economia se formava no mundo dos homens (suas vontades, seus desejos e suas possibilidades) independentemente dos desígnios divinos.

Aristóteles, como **Confúcio**, privilegiava a cultura, e defendia um limite para a riqueza material, possível e tolerada. A riqueza se limitava ao que fosse suficiente para promover um bem-estar que permitisse o avanço da cultura. Havia uma antipatia moral contra o que era chamado de *kremastics* – a busca de acumulação de fortuna.

A preocupação de Aristóteles era com a felicidade. Por trás da palavra estava uma preocupação **ontológica** e **teleológica** com a condição humana, tema que os economistas abandonaram, quando o consumo deixou de ser um meio e se transformou em fim em si. Mas o filósofo grego não se limitou a dizer que o homem devia procurar a felicidade: foi mais longe e analisou o que esta significava. E não eram os bens materiais: a felicidade estaria "nas atividades que são desejáveis por elas próprias, onde nada é esperado delas além da própria atividade".[III.1]

Incluem-se aí, portanto, as atividades estéticas e aquelas que representam ações de virtude. O uso da palavra *atividades*, em vez de *bens*, é um sintoma da visão de felicidade como resultado de uma ação e não de um acúmulo. Mesmo quando se fala em *coisas*, é no sentido genérico, e logo se volta a falar em *atividades*. Aristóteles define as atividades principais da felicidade como aquelas que atendem ao gosto do espírito: "Nós concluímos então que felicidade é coexistente com a especulação intelectual, e que quanto maior o poder de especulação de uma pessoa, maior será sua felicidade, não por um acidente, mas em virtude de que a especulação, como especulação, é honrosa por si própria".[III.2] Com essa inquietação, a elaboração deste memorial-tese é um instrumento de enriquecimento direto, por si próprio, independentemente de sucesso no concurso para professor titular ou no gosto do leitor.

A preferência grega pela especulação filosófica era tanta que, ao longo de seus 800 anos clássicos, os gregos inventaram esteticamente quase tudo aquilo de que a cultura ocidental dispõe até hoje, mas não realizaram nenhum avanço técnico substancial. Talvez a grande diferença a ser vista no futuro entre a civilização grega clássica e o período clássico da civilização industrial, nos séculos XIX e XX, é que a primeira não avançou tecnicamente, e a segunda não avançou eticamente.

Uma das demonstrações desses fatos está na comparação entre as palavras criadas, e que desde os gregos resistem, e aquelas concebidas nas últimas décadas e que certamente resistirão no futuro. Da Grécia Clássica, são palavras ligadas à ética e à cultura, inclusive *economia*; do mundo contemporâneo, são palavras ligadas a produtos, derivados do avanço técnico induzido pelo desenvolvimento econômico.

Talvez um dos exemplos da economização das sociedades seja como a palavra *especular* mudou de sentido. Aristóteles a utiliza no sentido filosófico de examinar, estudar, observar, pesquisar, averiguar e considerar não no moderno sentido financeiro de agenciar, traficar, apropriar-se sem produzir.

A sociedade medieval não tinha sua meta no enriquecimento cultural, mas tampouco buscava o enriquecimento material. O objetivo de cada indivíduo era conseguir a vida eterna. À sociedade caberia colaborar para facilitar a salvação de cada alma.

Na Alta Idade Média, dizia-se que "Um cristão não se faz um comerciante". A riqueza era desprezada pela maioria da população, algo vinculado por direito divino a alguns nobres ou a bispos e sequer desejado pelas massas. O Evangelho cristão resume os pensamentos grego e medieval, ao afirmar que "é mais fácil um camelo passar pelo buraco de uma agulha do que um rico entrar no reino dos céus". Ganhar mais do que o necessário para sobreviver era visto como pecado. Já em 1644, em Boston, Robert

Keayne, "um homem proeminente, orientador do evangelho", foi processado porque cometeu o hediondo crime de tirar seis *pences* de lucro em um *shilling*. Foi processado. A corte tomou a decisão de puni-lo, enquanto ele, em lágrimas, assumia seu crime.[III.3]

O acúmulo só se justificava como meio que facilitasse a conquista do céu: igrejas e relíquias. Paul Johnson[III.4] afirma que a representação das riquezas nos burgos da Idade Média estava nas relíquias religiosas. Guerras eram travadas pela posse de pequenos pedaços de cruz, pano ou osso que se supunha ter pertencido a algum santo ou mártir.

Os economistas não tinham como preocupação aumentar o **produto**, mas definir as **normas** que eticamente regulariam o comportamento dos agentes sociais, dentro dos princípios, valores e objetivos religiosos que ajudavam o fiel a ganhar o céu. **São Tomás de Aquino** dedicou-se à economia menos pelo interesse de conhecer como funcionava o processo social do que pelo interesse em regular as ações dos fiéis. Por isso, ele definiu a necessidade dos **preços-justos**, repudiou os juros e definiu em que condições os comerciantes poderiam ganhar com o exercício de suas funções. Seis condições deveriam ser preenchidas:

I. **Se fosse o sustento:** Nesse sentido, o comércio era uma atividade como a do artesão ou do camponês, por meio da qual o ganho era o suficiente para manter a vida. Era proibido um preço que levasse à formação de riqueza.

II. **Se tivesse havido melhoria no objeto realizada pelo comércio:** Nesse sentido, o ganho se dava pelo trabalho, e não pelo comércio, e este jamais permitia riquezas, porque não havia possibilidade de mais-valia sobre outros trabalhadores.

III. **Se houvesse uma mudança de valor por causa da distância à qual o produto fosse transportado:** Nesse sentido, o preço justo do produto estava somado ao preço justo equivalente ao custo do transporte.
IV. **Se houvesse risco de perdas no comércio:** Essa justificativa tinha o sentido de cobrir perdas ou custos eventuais, para que o resultado não passasse do limite que permitisse ao comerciante um ganho justo por seu trabalho.
V. **Se gerasse recursos para a caridade:** Com o que o comerciante não acumularia riqueza pessoal, mas uma que pudesse ser instrumento da construção de "capital" espiritual, com a construção de igrejas e apoio a mosteiros, ou com a distribuição de seus ganhos entre os necessitados;
VI. Se fosse prestado um serviço público.
VII. Todas as condições estavam subordinadas à ética, e não à eficiência.

No que se referia aos juros, **São Tomás de Aquino** seguia basicamente a mesma linha que **Aristóteles** e todos os pensadores do longo período entre os dois, no sentido de que não havia razão para sua cobrança, uma vez que o dinheiro não tinha o poder de gerar dinheiro: "Como o vinho não gera vinho ao ser tomado". Mais modernos nesse sentido do que os gregos, os escolásticos, inclusive **São Tomás**, abriam de qualquer forma a exceção para o caso de o dinheiro emprestado servir para que alguém com ele, e não por ele, tivesse ganho, ambos, ganhos limitados pela decência. Sempre a ética, por trás de qualquer possibilidade de razão econômica.

O conceito de trabalho era visto e defendido não como forma de gerar riquezas privadas ou sociais, mas para evitar as tentações, como uma espécie de penitência. O lazer não era visto como inimigo do progresso, conceito inexistente, mas como inimigo da alma.

A diferença do tratamento dado ao tema da escravidão por **São Tomás de Aquino** e por **Aristóteles** mostra como ambos eram moralistas, explicando o processo econômico e tentando ajustá-lo ao marco moral de suas épocas. Enquanto o humanista Aristóteles nem sequer se preocupa em tratar o tema como problema, "desde que o escravo não seja grego", **São Tomás** repudia toda forma de escravidão. O que acontece é que o mundo helênico tinha sido criado e se mantinha em permanente evolução intelectual graças ao trabalho escravo, enquanto o mundo medieval se caracterizava por uma preocupação básica com o "outro mundo", tornando sem importância a evolução no mundo terreno, até mesmo a evolução cultural.

Aristóteles pertencia ao mundo do espírito dos homens, que buscava a evolução cultural; o que, para o nível técnico da época, exigia que escravos garantissem o tempo livre dos filósofos. **São Tomás de Aquino** pertencia a um mundo onde o espírito era sobrenatural, e em vez da evolução cultural buscava-se a salvação das almas de todos os seres humanos, que deveriam ser iguais.

Ambos pertenciam ao mundo de pensamento ético, onde a explicação do funcionamento da sociedade era limitada pelo marco moral onde se situavam e, sobretudo, sob o qual buscavam manter o comportamento dos homens. A ciência econômica era esotérica, no sentido de que sua racionalidade era subordinada a princípios que lhe eram externos. Era um código de ética, como definido também, noutro contexto, pelo Alcorão, que também repudia a cobrança de juros, da mesma forma que a Bíblia.

Essa situação em parte explica, em todos esses, a falta de uma visão sistêmica do processo econômico. Preocupados com a ética do comportamento de cada homem, limitavam suas análises à relação de cada fenômeno com o indivíduo que o realizava, sem buscar uma lógica que unisse os diversos fenômenos. O comércio era visto no seu impacto sobre o espírito dos homens, sem necessidade de uma relação com o dinheiro, com os juros. O mercantilismo começa a modificar essa situação.

A DESCOBERTA DA RIQUEZA

Com os mercantilistas, a economia começa a sair da "prisão" da ética. Descobre-se a riqueza sob a forma do entesouramento do ouro, e passa-se à preocupação de explicar como este se acumula e quais instrumentos políticos e comerciais facilitariam essa acumulação. Denuncia-se o lazer selvagem como instrumento do pecado e justifica-se o trabalho, inclusive o dos escravos – superando-se o anterior "preconceito ético" contra a escravidão.

O pensamento econômico liberta-se dos preconceitos morais e assume, justifica e explica o acúmulo de riqueza. Mais do que isso, legitima a riqueza como o objetivo do processo social. Também subordina e reformula as normas éticas, de maneira a facilitar o aumento da riqueza. A ética que dominava o pensamento econômico passa a ser dependente das exigências da economia para realizar o fim do acúmulo de riqueza. Na própria Igreja, o valor material do ouro e da prata passa a ter primazia sobre o valor espiritual das relíquias.

O surgimento de um pensamento alternativo ao escolástico na teoria econômica é um dos melhores exemplos de como a realidade forma o pensamento dos homens, moldando primeiro os costumes e, depois, as ideias que explicam e norteiam seu comportamento. Ao longo dos 2 mil anos que separam o tempo de **Aristóteles** da consolidação das ideias mercantilistas, o comércio nunca deixou de existir e cresceu durante todo o período. Mesmo com a queda do Império Romano e com uma possível diminuição temporária no comércio de longa distância, os movimentos comerciais continuaram e cresceram dentro das novas unidades surgidas na geopolítica feudal.

A história da Idade Média, mesmo da Alta Idade Média, antes de Carlo Magno, já era uma história de comércio e de mercados. No mesmo momento em que São Tomás e os demais escolásticos formulavam suas explicações com base nas regras morais, o comércio florescia e riquezas se formavam ao longo de toda a Europa, especialmente na Itália.[III.5]

Foi esse avanço na realidade que aos poucos criou uma consciência alternativa ao pensamento escolástico. É surpreendente que as radicais mudanças nesse período no mundo das ideias tenham ocorrido sem uma ruptura na relação dos pensadores com a Igreja. Isso certamente se deve à competência com que a instituição aceitou e defendeu o que até pouco antes seus doutores repudiavam. O comércio e os juros passam a ser aceitos, e a escravidão volta a ser justificada de uma forma que **São Tomás de Aquino** teria repudiado. Como, aliás, repudiaram alguns indivíduos e algumas ordens que mantiveram a fidelidade à pobreza e repulsa à riqueza.

Também é surpreendente que a grande Reforma, que surge da rejeição à mercantilização das indulgências, tenha se transformado no principal motor ideológico da riqueza que o capitalismo trazia e necessitava. Para eliminar a "credibilidade dos devotos" que, buscando se aproximar de Deus, "financiavam a cupidez de clérigos e banqueiros"[III.6], a Reforma incentivou a credibilidade dos trabalhadores, especialmente da burguesia nascente.

A partir dos mercantilistas, como disse Ekelund Junior e Hebert[III.7]: "A justiça e a salvação já não mais eram a preocupação principal nos escritos relacionados com a economia; em vez disto, as coisas materiais se transformaram no objetivo da atividade do homem".

Um novo mundo exigia uma nova filosofia que explicasse e legitimasse o processo social que se modificava, as cidades que se consolidavam e o comércio que se expandia e se transformava em elemento-chave da vida social. A nova filosofia não surgiu, mas o mundo novo teve seus teóricos, os *mercantilistas*, conforme **Adam Smith** os chamou. A nova preocupação passou a ser a riqueza e as teorias que explicassem o processo e facilitassem a realização de seus objetivos. Por meio de livros, panfletos e do que hoje se chamaria de *relatórios de consultoria*, uma enorme quantidade de pensadores, administradores e simples curiosos interpretaram e propuseram formas de explicar e induzir o funcionamento da economia.

O pensamento econômico deixa a ética e descobre a riqueza como objetivo. Substitui a ética pelo conhecimento, o sobrenatural pelo social, o céu pelo enriquecimento, a virtude pelo ouro.

A descoberta do concreto

Graças a recentes conhecimentos de história, a Idade Média, que era vista com desprezo, ressurgiu como um dos períodos mais ricos em ideias, e mesmo em certo nível de avanço técnico. Enquanto nos séculos de auge do pensamento grego nenhum salto técnico se verificou, uma série de inventos e teorias científicas que revolucionariam o mundo, criando as bases da Revolução Industrial, surgiram no período que compreende a queda do Império Romano até o Renascimento.

Foi com os trabalhos de Hobbes, Locke e Hume (1711-1776) que o pensador deixou de ser o tradutor dos dogmas religiosos, inspirado por Deus, para, por meio de experiências, explicar a realidade e se transformar em intérprete do que a natureza e a sociedade diziam.

A descoberta da riqueza foi um salto epistemológico de alta qualidade, pois resolveu a forte tensão entre o mundo real, que via o comércio como a razão de ser, e um mundo teórico que se concentrava na busca do conhecimento religioso e da vida eterna. A descoberta da riqueza foi uma opção das ideias dos homens pelo mundo dos homens.

Apesar desse avanço, como símbolo de riqueza, o ouro ainda carregava traços de sobrenatural. Era um elemento da natureza, não dos homens; seu valor vinha do misticismo, não era plenamente explicado. Para completar o salto, era preciso descobrir o concreto, livre do misticismo, e avançar na definição intrínseca, ontológica da riqueza, descobrindo, entendendo e legitimando o valor.

3
Da riqueza ao valor

O valor humano

A principal preocupação com a explicação do valor das coisas já está presente em Aristóteles, mas de forma genérica e metafísica. Os escolásticos ficaram presos a um conceito moral do valor justo, intrínseco à coisa. Já os mercantilistas preferiram se preocupar com o preço em ouro ou prata, e não com a metafísica do valor intrínseco a cada bem. Os fisiocratas retomaram a preocupação com o valor e lhe deram origem externa ao objeto, mas concentraram na terra a origem de todos os componentes e a base do valor. Romperam com a metafísica, mas não com a moral. Ficaram prisioneiros da ética, ao usar o valor como forma de legitimar o direito que os proprietários da terra tinham sobre todos os produtos.

Foi Smith que descobriu o "valor do valor"– refutou a metafísica de vê-lo como característica intrínseca à coisa; ofereceu-lhe uma explicação não metafísica; deu-lhe origem baseada no humanismo: o trabalho.

O capitalismo foi o instrumento de humanização da teoria do valor. A premissa do pensamento humanista foi a abolição das éticas explicativas que mistificavam as explicações metafísicas de Aristóteles, os dogmas de São Tomás de Aquino, o fetiche dourado dos mercantilistas ou os interesses aristocráticos dos fisiocratas. Ao trazer o trabalho e a vida do trabalhador para o âmbito das preocupações do pensamento, Adam Smith e os clássicos humanizaram o valor, ao formular que ele era fruto exclusivo do homem. Eram as mãos e as inteligências dos homens que geravam o valor.

A contribuição de Smith não se limitou a isso: ao definir o valor de cada coisa como fruto do trabalho, eliminando a ideia de sua qualidade intrínseca e separando-o do ouro, Smith criou a base para a medição da riqueza social a partir do fluxo do produto, suplantando a medição tradicional com base no estoque de ouro e o acúmulo de relíquias.

Mas o que foi enriquecido, do ponto de vista do humanismo, pela abolição das explicações místicas foi prejudicado pela perda da lógica, uma vez que a riqueza, um conceito de estoque, passaria a ser medida por uma categoria de fluxo: o produto. Avançando ao abolir o mito do ouro dos mercantilistas e a importância da terra para os fisiocratas, Smith regrediu; assumindo o fluxo como símbolo de riqueza, deixou de levar em conta a possibilidade de uma consequência histórica para o contínuo movimento temporal dos humanos. Limitando o tempo dentro dos limites da produção, ignorou-o historicamente.

O SISTEMA DO VALOR

Para explicar como a riqueza criava, distribuía e se renovava, **Smith** formulou a ideia da **mão invisível**. Mais uma vez seu radicalismo humanista esteve presente na ruptura com as explicações divinas, metafísicas ou transcendentes. Fez para o processo econômico o que **Newton** (1642-1727) fez para o céu: materializou o funcionamento da economia, deu ao homem o poder de explicar seu funcionamento. Foi mais longe, explicando esse funcionamento com base na lógica dos desejos dos indivíduos, seu egoísmo e sua vontade hedonista.

Smith não tirou apenas o valor de dentro das coisas, explicando sua origem; tirou dos deuses a explicação da lógica de como o valor se formava, se distribuía e circulava. A mão invisível, movida pela vontade dos homens, substituiu Deus.

O ENDEUSAMENTO DO HOMEM

Ao trazer o pensamento da economia para a terra, liberando-o dos dogmas, Smith radicalizou o humanismo. Mas, em consequência, inviabilizou-o no longo prazo: ao humanizar o valor e a lógica do sistema, endeusou o homem; a participação da terra na formação do valor foi desprezada, os propósitos culturais e espirituais foram esquecidos.

Smith era tão humanista que foi arrogante. A humanização endeusada desprezou duplamente a realidade física. Ao humanizar materializando, Smith desconsiderou a Terra e relegou o produto básico do humanismo à cultura dos homens. Esse pensador, que rompia com o medievalismo, não foi capaz de oferecer um conceito de riqueza não circular. Seu horizonte de tempo era renovado a cada ano. A nova riqueza foi humana – nem divina nem metafísica nem mítica – mas foi humanizada sem ser civilizada. Ficou presa a cada homem, perdendo a dimensão civilizatória.

O homem-econômico passou a ser um homem-deus, senhor de todo o processo; e nisso se perdeu, pois o processo econômico perdeu uma razão superior e passou a ser a razão de ser. A economia do homem pôs o homem a serviço da economia. O ser humano, que com suas mãos dava valor às coisas, passou a ver valor somente nas coisas que suas mãos faziam.

Ao humanizar-se tão radicalmente, como se fosse Deus, humanizou-se brutalmente, rebaixando-se às coisas que fazia. Ao subir, caiu. Subiu com o poder da lógica, caiu sem o poder das crenças. Perdeu uma razão maior de ser, como a cultura entre os gregos, o céu entre os escolásticos. O processo passou a ser sua própria razão; o meio se justificou e se fez o fim em si. O homem ficou sem o céu e sem nada no lugar, além dos seus próprios delírios e do imediato produto do seu trabalho.

4
Do valor à distribuição

A distribuição do valor

A descoberta do **homem-econômico-deus** foi atraente à geração seguinte à de Adam Smith. Ninguém contestou sua postura antropocêntrica radical. Cada pensador preocupou-se com a distribuição do valor, cuja fonte eles já conheciam: o trabalho.

Concentraram-se no problema da distribuição do valor entre os homens que o criavam. Ficaram presos ao humanismo que não atribuía valor à natureza, nem no longo prazo. Um humanismo radical no seu individualismo não imaginava o projeto civilizatório e as suas relações necessárias com a natureza.

Presos ao pensamento smithiano, todos desejavam resolver a lógica de como o valor, vindo do trabalho, era apropriado por alguns que não trabalhavam e que, em geral, se apropriavam da maior parte. A preocupação era com a forma com a qual o valor se distribuía entre os homens, em cada momento.

David Ricardo (1772-1823) conseguiu dar uma explicação com grau razoável de rigorosidade. Sua teoria de que as máquinas eram trabalho congelado que gerava valor foi suficiente para justificar a distribuição que beneficiava os capitalistas. Para compatibilizar essa ideia com a teoria do valor baseado no trabalho, usou o bonito artifício de chamar as máquinas de *trabalho morto*. Comprometido moralmente com a ideia de que o lucro dos capitalistas era um direito natural, Ricardo fez para o capitalismo o que Quesnay fez para os aristocratas, quando criou a teoria fisiocrática do valor da terra.

Foi preciso esperar 30 anos depois de **Ricardo** e 100 depois de **Smith** para que **Marx** (1818-1883) resolvesse o problema, superando o que parecia uma falta de lógica, mas que era apenas tensão entre a teoria do valor trabalho e a ótica da classe capitalista. Marx resolveu a questão mudando a pergunta: em vez de justificar como o valor chegava às mãos dos capitalistas, o filósofo alemão tentou explicar como estes recebiam parte do valor. Não perguntou como os capitalistas participavam da formação do valor, mas como eles se apropriavam de um valor criado exclusivamente pelo trabalho.

Marx fez para a economia o que Copérnico fez para a astronomia, quando se perguntou "E se o sol for o centro do movimento dos planetas?". Em vez de procurar desculpas para a distribuição incompatível com a teoria ou de inventar uma nova teoria do valor, optou pelo que lhe parecia ser a realidade, identificando-se com os interesses da classe sintonizada com o valor trabalho. Formulou todo o resto de sua teoria com base na contradição de que o valor seria produzido pelo trabalho social, mas seu resultado era apropriado pelo dono das máquinas e pela exploração que este exerce graças à existência de um exército de desempregados disputando emprego para sobreviver.

A definição da mais-valia elaborada por **Marx** tem a beleza estética das grandes descobertas que eliminam a tensão epistemológica: pelo inusitado, pela simplicidade e óbvia objetividade que apresenta. Há grande semelhança entre essa formulação e a maneira com que Einstein tratou a então hipótese de que a velocidade da luz é uma constante. Comparável à incompatibilidade entre a teoria do valor trabalho e a distribuição do valor entre capitalistas e trabalhadores, durante décadas os físicos enfrentaram a incompatibilidade entre suas experiências e a medição da velocidade da luz, que sempre aparecia constante, independentemente da velocidade e do sentido da fonte que a emitia. Como **Ricardo**, com o artifício do trabalho morto, os físicos preferiam explicações complicadas ou o repúdio à realidade medida. Até que Einstein, como **Marx**, optou pela realidade, mudou a pergunta e formulou a explicação inusitada de como seria o mundo no caso da velocidade da luz ser constante. Levando a ideia do valor do trabalho às últimas consequências, Marx explicou toda a "cosmologia" do sistema capitalista e sua conclusão óbvia de que o lucro era uma apropriação imoral do valor produzido pelo trabalhador.

Mesmo quando acrescentava o tempo nos seus esquemas de pensamento, ao imaginar a evolução e a utopia comunista, Marx manteve um humanismo radical de curto prazo, sem perceber – nem poderia – o valor que a natureza representaria no momento em que as forças produtivas tivessem um poder catastrófico em relação ao conjunto do planeta. Tampouco conseguiu prever que as crises decorrentes da concorrência e da mais-valia não seriam suficientes para provocar o fim do capitalismo.

Prisioneiro de sua realidade aparente, olhando o mundo pela ótica do proletariado de hoje, Marx não considerou o valor da natureza nem a distribuição do valor além das classes sociais, entre gerações, nem previu as subdivisões, as alianças inesperadas que o desenvolvimento capitalista provocaria no final do século XX.[15] Em outras palavras, deixou a economia sem um Einstein.

O VALOR DA DISTRIBUIÇÃO

Ainda antes de Marx, uma visão ética ressurgiu com os vários tipos de socialistas chamados *utópicos*. Deixando de lado a neutralidade científica, estes quiseram fazer da economia um instrumento de propósitos éticos. Para eles, a distribuição era menos uma preocupação teórica do que um fim em si, ao qual a economia deveria se subordinar. De outra forma, volta o pensamento comprometido com os "mitos", dessa vez, com o mito da igualdade entre os homens. A economia retomou as preocupações com a justiça, mas não conseguiu espaço em um tempo em que o sistema produtivo era livre de tensões com os desejos da elite, o materialismo se afirmava e o espírito científico neutro se consolidava.

Marx é uma resposta progressista do ponto de vista técnico-científico, que tenta casar os desejos utópicos, portanto míticos e éticos, com uma possível objetividade que explicaria a necessidade da distribuição ótima, que coincidiria com a distribuição justa do valor. Sua crítica é neutra, ainda que os resultados sejam comprometidos com a justiça.

A partir de Marx, a distribuição feita dentro do capitalismo não era científica e justa. Para o filósofo alemão, a contradição entre a ética propositiva e a epistemologia condenava os economistas a serem socialistas ou a não serem cientistas. A alternativa foi mudar a gravitação do pensamento, já que o valor não podia ser lógico e justo simultaneamente.

Os economistas passaram a se preocupar com o equilíbrio da distribuição, e não com a distribuição do valor.

5
Da distribuição ao equilíbrio

O equilíbrio do sistema

A recusa dos neoclássicos de enfrentar o problema da distribuição do valor levou-os a uma preocupação fundamental com o equilíbrio no processo econômico. A explicação do equilíbrio liberou a consciência dos economistas, substituindo o conceito de exploração pela constatação da existência de preços relativos, conforme a disponibilidade de fatores e os interesses de maximização da produção.

Além disso, o equilíbrio trouxe neutralidade à ciência econômica, um avanço que Marx não conseguira, ao optar pela ótica do trabalho, de onde observava a teoria do valor, e ao militar de maneira engajada no processo social. A neutralidade exigia uma falta de compromisso, como se, além de suas **mãos invisíveis**, todos os economistas tivessem também seus **desejos insensíveis**.

Por outro lado, o equilíbrio representou um avanço da neutralidade, ao tentar colocar a economia no nível das ciências físicas, especialmente da mecânica. Os neoclássicos procuraram aproximar a ciência econômica da matemática, como Newton havia feito para a gravidade.

Os neoclássicos avançaram com elegância na ideia da mão invisível e do sistema funcionando conforme uma lógica que mantinha o sistema em equilíbrio. Para isso, tiveram de ignorar a teoria do valor das coisas.

O sistema de **Smith** substituiu o valor de **Smith** e trouxe a matemática para a economia, não apenas nas contabilidades dos mercantilistas, dos fluxos dos fisiocratas e das contas de **Marx**, mas também na linguagem para a apreensão da realidade.

Porém, para viabilizar a ideia do equilíbrio do sistema, os neoclássicos foram obrigados a ignorar as mudanças nas suas bases que realizavam e definiam a economia. A teoria seria consistente enquanto o sistema mantivesse os mesmos atores, interesses, instrumentos a mesma lógica. Quando, porém, as premissas evoluíam, o conceito de equilíbrio ficava prejudicado. O fim do neoclassicismo seria provocado pela evolução das preocupações da economia, mudando do equilíbrio para o crescimento, mesmo que por meio de desequilíbrios.

Obviamente, seriam necessárias mais algumas décadas para que o pensamento econômico desse seu salto em direção à econometria, realizando o sonho dos fundadores do pensamento neoclássico.

Os limites do sistema

Contraditoriamente, ao radicalizarem a impotência do homem em função das engrenagens da mão invisível, os neoclássicos levaram adiante a humanização do processo econômico, neutralizando suas vontades e propósitos míticos e éticos, eliminando o papel dos deuses na definição dos rumos da sociedade.

A economia neoclássica manteve a abolição de Deus e negou ao homem qualquer poder de conduzir o processo social. Passou a acreditar ainda mais nos resultados automáticos provocados pelo vetor do individualismo, e no argumento de que o equilíbrio vinha dos vetores autônomos à vontade humana. **Marshall** (1842-1924), matemático com grande interesse na ética social, movido pelo desejo de melhorar as relações sociais, pode ser visto como o principal formulador dessa visão neoclássica do equilíbrio autônomo. O equilíbrio neoclássico tentava fazer com a economia o que Newton fez com o sistema solar. Não foi por acaso que Marshall cunhou o termo *economics*, que lembra *physics*, para substituir *political economy*. Mas perderam-se por trás de duas tensões que suas formulações não foram capazes de resolver:

- **epistemológica:** decorrente do fato de que a base do equilíbrio livre dependia da livre concorrência entre pequenos agentes, sem poder de intervir na realidade dos conglomerados que tendem a assumir poder monopolista;
- **teleológica:** decorrente do fato de que a "ordem espontânea", na expressão de Hayek, ou "a mão invisível", na formulação de **Smith**, não atendiam aos crescentes desejos sociais de ampliação constante do produto, seja por causa das crises, seja pela lentidão dos processos econômicos, especialmente nos países "atrasados".

A visão de um processo econômico livre, no final do século XX, com os desejos dessa sociedade e o poder de sua técnica, é uma inconsequência epistemológica e teleológica, que cria um conhecimento incapaz de explicar a realidade ou de auxiliar na sua condução para realizar os propósitos desejados. Como citado no elogio fúnebre a Hayek, "The weakness in his theory, however, was that he had nothing to contribute about the market failures".[III.8]

A consequência lógica dessa tensão seria um avanço no conhecimento, buscando fazer a teoria gravitar em torno do problema do crescimento.

6
Do equilíbrio ao crescimento

O crescimento do crescimento

A crise da **teoria** do equilíbrio, que se manifesta da maneira mais dramática em 1929, foi também a crise da **preocupação** com o equilíbrio. Uma crise com dupla tensão, epistemológica e teleológica, com a explicação e com o resultado. No primeiro momento, a crise derrubou a ideia de que o próprio processo gerava seus instrumentos equilibradores e que as retroalimentações das variáveis econômicas mantinham o equilíbrio da economia. Em seguida, ela explicitou a ânsia de uma economia com o crescimento mais rápido possível, com base no consumo desenfreado.

A sucessão de crises, desmistificando a ideia do equilíbrio e mostrando a necessidade de trabalho improdutivo que gerasse valor, transformou o crescimento em uma preocupação central do pensamento econômico.

A competência de **Keynes** estava em seu conhecimento das leis do equilíbrio, aprendidas como aluno de **Marshall**, sobre quem escreveu a obra *Official Papers by Alfred Marshall* (1926). Mas sua genialidade estava em mudar o enfoque do problema. Refazer as perguntas; em vez de perguntar como voltar ao equilíbrio das contas econômicas, indagar como voltar a fazer crescer a economia; em vez de como crescer para gerar emprego, como gerar emprego para voltar a crescer.

Não foi por acaso. A ênfase no crescimento se consolida no momento da história em que o avanço técnico passa a criar novos produtos, em vez de criar novas formas de produzir as mesmas coisas, a que se dedicava até o começo do século XX.

Se não tivesse tanto conhecimento, **Keynes** não teria dado a contribuição que deu, mas se tivesse nascido 20 anos antes, ou 20 anos depois, não teria sido o reformulador do pensamento econômico da ênfase no crescimento que dominou o século XX.

A partir dos anos 1930, o crescimento passa a ser o objetivo central dos estudos de grande parte dos economistas. **Keynes** simboliza essa mudança. O pensador americano não propõe um novo paradigma para o propósito da civilização e da economia, mas agrega ao propósito da produção e do consumo de novos produtos a possibilidade do crescimento induzido. A partir dos anos 1950, os economistas concentram no crescimento todo seu potencial teórico e instrumental.

O *crescimento* foi a palavra-chave que uniu todas as elites, de todas as tendências, e todas as massas conscientes. Os economistas passaram a se concentrar na análise do processo de crescimento, na formulação de estratégias e técnicas que rompessem as barreiras que o freavam, no planejamento da indução do crescimento com as taxas mais elevadas possíveis, e – o que é absolutamente novo – em todas as partes, em todos os países, todas as sociedades, de maneira similar. Seria inevitável que a preocupação com o crescimento transformasse o desenvolvimento na principal preocupação, especialmente nos países à época tidos como subdesenvolvidos.

Em todo o mundo, desde os anos 1960, as sociedades canalizaram enorme energia para realizar cursos e treinamentos em universidades, em centros de pesquisa acadêmica ou de assessoria governamental ou privada, em uma quantidade inimaginável poucas décadas antes. Catalisaram grande esforço com o objetivo de aprenderem como induzir o crescimento econômico. Milhares de jovens, entre aqueles de maior potencial intelectual, passaram a se dedicar à ciência econômica, estudando sobretudo o processo de crescimento.

Graças em parte a esses economistas, o mundo mudou consideravelmente nestes últimos 50 anos, especialmente nos países em desenvolvimento. Os resultados dessas incríveis mudanças induzidas pela economia e pelos economistas fizeram desses profissionais os grandes teólogos dos tempos atuais: teólogos do deus da riqueza material, o deus da Modernidade.

É impossível imaginar uma avaliação benefício-custo de uma civilização que fosse construída sem o papel dos economistas[16]. Ainda menos possível é comparar o mundo feito pelos economistas com um inexistente mundo alternativo sem o impacto do crescimento econômico do século XX. Mas não é impossível imaginar os erros cometidos por uma visão de crescimento implantada em países como o Brasil. No Núcleo de Estudos do Brasil Contemporâneo, trabalhamos dez erros básicos[17*]:

---

[*] Esse livro, que estava em elaboração em 1991, ao tempo do concurso, foi publicado em 1994, com o título de *A revolução nas prioridades – da modernidade técnica à modernidade ética*, pela Editora Paz e Terra.

I. a implantação, especialmente a partir de 1930, de um processo de substituição das importações industriais, mantendo a economia agrícola submetida ao latifúndio voltado para a exportação;
II. a concentração do objetivo desenvolvimentista na transposição direta de técnicas estrangeiras, nada adaptadas à realidade econômica, financeira e natural do país;
III. a implantação de um regime ditatorial que impediu o país de reorientar seu projeto em função da crise e do debate ocorrido a partir dos anos 1960;
IV. a opção pelo endividamento público e privado, interno e externo, como solução para realizar no curto prazo o projeto econômico de crescimento que imitava os objetivos e os método das economias estrangeiras;
V. a concentração da renda social como forma de criar demanda para os bens produzidos para consumidores de renda alta, em um país de baixa renda *per capita*;
VI. a criação de cartórios econômicos para garantir o funcionamento da economia que não estava funcionando;
VII. a ênfase nas exportações como forma de pagar a dívida e manter o financiamento externo;
VIII. o desprezo aos investimentos sociais, especialmente à educação básica, em favor dos investimentos na infraestrutura econômica;
IX. a implantação de um sistema de produção do saber em universidades alienadas do povo e da realidade nacional, e de um sistema de comunicação de massa sem qualquer compromisso educativo e cultural, voltado exclusivamente para o sistema econômico, como dinamizador de vendas, legitimador das decisões governamentais e gerador de lucros;

x. a realização de um processo de redemocratização política, a partir do começo dos anos 1980, sem qualquer reforma social.

Os limites do crescimento

A partir dos anos 1970, dois fenômenos despertam uma nova consciência crítica em relação ao crescimento. Primeiro, os impactos que o desenvolvimento provocou no meio ambiente, em escala mundial; a descoberta dos limites físicos ao crescimento; a consciência dos riscos derivados de tecnologias que avançam mais rapidamente em direções destrutivas do que em direções recicladoras. Segundo, o fracasso social da modernidade econômica nos países de maioria pobre; a vocação depredadora do capitalismo sobre os patrimônios natural e cultural, e a incapacidade do desenvolvimento de criar uma sociedade que se considere mais próxima da utopia do que se imaginava no começo do século.

Mais recentemente, percebeu-se a depredação do patrimônio moral construído ao longo de dois séculos do Iluminismo. O capitalismo do final do século trouxe a assustadora surpresa da ampliação do fosso social entre os seres humanos, que reverteu a tendência histórica de marcha para a igualdade e ameaça a própria unidade da espécie humana.

O conhecimento da realidade do mundo, dentro de uma concepção sistêmica, com suficiente acúmulo de dados e com a disponibilidade de meios técnicos e equipamentos para processá-los, permitiram a observação do grave risco, como a inviabilidade da continuação do ritmo do crescimento. Além disso, independentemente dessa viabilidade, percebe-se um propósito civilizatório vazio no próprio objetivo consumista do desenvolvimento em sua forma atual. Finalmente, nos países em desenvolvimento, os resultados se mostram não somente inviáveis como também, em grande parte, indesejáveis. Apesar disso, só muito recentemente nota-se uma preocupação com os resultados negativos induzidos pelo desenvolvimentismo, nos países emergentes e também nos países mais ricos, ainda assim, mais em outras áreas do conhecimento do que entre os economistas[18].

De uma maneira simplificada, a realidade e o seu conhecimento demonstram o fim da utopia economicista concentrada no crescimento do produto como meta teleológica e ontológica incontestável.

Em consequência, surge um vácuo desarticulador entre os economistas. A constatação do caos se deu antes que a civilização formulasse um novo arcabouço e que a ciência econômica formulasse uma concepção alternativa para suas teorias e seu papel. Prisioneiros de suas formulações, os economistas ficaram um longo passo atrás de outras áreas do conhecimento na crítica ao projeto da economia. Ecólogos, politólogos, sociólogos, comunicólogos, psicólogos, filósofos, engenheiros e juristas formulavam críticas mais avançadas, enquanto os economistas contemporâneos insistiam nos mesmos princípios e objetivos. Obviamente, isso não quer dizer que todos os economistas estejam ausentes dos grandes debates sobre a crise atual do paradigma civilizatório, mas sim que são poucos os economistas presentes, vistos em geral com desconfiança pelos colegas, tanto na academia quanto no governo ou nos negócios.

Como teólogos da religião do progresso, os economistas resistem à reforma de suas doutrinas. Quando evoluem teoricamente, é porque buscam salvar o marco doutrinário, como os concílios medievais da Igreja Romana.

Apesar disso, a motivação e o instrumental deveriam tornar os economistas mais preparados para entenderem e reformularem o mundo atual do que os profissionais das demais áreas do conhecimento.

Mas, para tanto, os economistas precisam entender a dimensão das tensões que hoje enfrentam, redefinir o conceito da função que lhes cabe e perceber a fragilidade do marco teórico em que se encontram. Precisam ver o objeto de estudo de forma mais ampla, que vá além da micro e da macroeconomia e viabilize o estudo de uma globalidade que inclua a natureza e a civilização como parte do seu objeto de estudo. Precisam redefinir o objetivo, o propósito que sua ciência tenta construir. Precisam desenvolver uma lógica capaz de incorporar outras áreas do conhecimento, de forma multidisciplinar, e mesmo outras formas de pensar, casando com elas o sentimento do destino buscado pela humanidade.

No livro *A desordem do progresso*, sugeri a expressão "civiliziologia" para definir o novo campo de conhecimento que, indo além da economia na sua visão atual, estudaria o processo civilizatório em geral: como a natureza se transforma em civilização. É preciso que no conceito de civilização esteja incluída a natureza em si. A palavra para indicar essa nova "ciência" deverá fazer a junção de civilização e natureza: "civinaturezação", "naturivilização", enfim, algo que indique ao mesmo tempo a natureza da civilização no sentido do seu caráter – porque essa é a origem da palavra *natureza* – o caráter de uma coisa decorrente de seu berço, seu nascimento, sua origem – e, ao mesmo tempo, o destino da civilização da natureza, no sentido aqui adotado a partir do século XVI, de mundo das coisas naturais. É preciso lembrar que até surgir o pensamento clássico grego, a humanidade se via como parte da natureza. Agora, 2.500 anos depois, a economia precisa ver a natureza como parte do produto dos homens, preservando-a.

Na visão da história do pensamento econômico como uma sucessão de tensões, pode-se propor que os próximos anos representarão uma passagem do centro de gravitação das ideias do crescimento para a ética. Fechar-se-ia um longo processo de 25 séculos de evolução: da ética à ética.*

O FUTURO DO CRESCIMENTO

A crise do crescimento não deve significar sua negação, uma opção pelo crescimento zero, como foi inicialmente proposto pelo Clube de Roma. Além de injusto, por significar a manutenção da pobreza, é inviável pelo desejo de crescimento, e não é ético do ponto de vista de propósitos, por negar ou limitar a ânsia essencial de enriquecimento material e cultural.

Cabe à economia procurar objetivos e alternativas diferentes para um novo crescimento, que seja subordinado à ética e leve em conta os objetivos sociais e o respeito ecológico, e para o qual as técnicas sejam instrumentos, e não um indicador de resultados.

Desde 1967, ainda com a preocupação de um engenheiro mecânico[19], analisei o papel da tecnologia como elemento não

---

* Quando escrevi este memorial-tese, não percebi então o processo em marcha da globalização liberal. Hoje, entre os capítulos "Do equilíbrio ao crescimento" e "Do crescimento à ética", eu colocaria um capítulo "Do crescimento à globalização neoliberal", e depois outro intitulado "Da globalização à ética neoliberal". No entanto, preferi não fazer essa mudança, mesmo que a presente revisão tenha sido feita 15 anos mais tarde, em uma realidade econômica diferente daquela de 1991, embora já naquela época deveria ter percebido o que estava se formando. O livro *A cortina de ouro*, publicado em 1995, tratou desse assunto, ainda que de forma distinta deste memorial-tese. Da mesma forma, não dediquei a atenção devida à *débâcle* do socialismo, tanto na prática, no Leste Europeu, quanto na teoria.

apenas determinante do crescimento, mas também responsável pelos desvios que afastam o crescimento dos objetivos inicialmente propostos. Ao longo de muitos anos de trabalho em organismos internacionais e nacionais, especialmente no Banco Interamericano de Desenvolvimento[20], essa preocupação e esse esforço analítico estiveram presentes, e resultaram em muitos dos textos publicados[21]. Da preocupação com o papel da tecnologia, foi possível saltar para a preocupação com o papel da ética subordinando o avanço técnico e os objetivos do crescimento.

7
Do crescimento à ética

Em 1986, em uma conferência na sede do CNPQ[22], afirmei que todas as ciências passam por três momentos, no que se refere à sua relação com a ética. No primeiro momento, elas se dedicam a abolir a ética nas suas explicações – o homem abolindo Deus de suas explicações. No segundo, o conhecimento científico vai além de explicar e passa a transformar o mundo, usando o poder tecnológico como se fosse um aprendizado do ofício de Deus. No terceiro, esse poder adquire dimensões catastróficas para transformar o mundo em escala universal – o homem se fazendo Deus. Mas um Deus sem normas, regras ou propósito além da ânsia de transformar o mundo.

Nessa última etapa, surge a necessidade de uma redescoberta da ética que regule o poder: Deus criando as regras para regular seu próprio poder. O poder total definindo os limites para seu exercício, como a luz definindo o limite de sua velocidade e moldando o universo em função desse limite. Um poder onipotente que se limita, ao limitar o universo dos desejos onde se manifesta.

Deuses onipotentes para fazer tudo aquilo que está dentro dos seus desejos, mas incapazes de desejar além do que podem*.

Em *A desordem do progresso*[23], o assunto foi retomado do ponto de vista da ciência econômica. Defendi a ideia de que o conhecimento técnico da economia evoluiu em relação à ética, passando pelos mesmos estágios das demais ciências. De início, a economia foi se liberando dos mitos e explicações éticas, características de todas as escolas até **Adam Smith**. A partir daí, sem a necessidade de deuses, começou a criar os instrumentos de poder tecnológico que influíam na economia real. Até que, nos últimos anos, o poder começa a se manifestar em dimensões catastróficas, surgindo a necessidade de uma nova ética, desta vez reguladora, e não explicativa como antes.

A ideia é de que na ciência econômica, diferentemente das ciências físicas, a ética não será externa ao corpo epistemológico, mas fará parte do conjunto de leis do conhecimento utilizado para captar a realidade. Nas ciências físicas, a ética é uma opção individual do cientista, que a utiliza para regular o uso de conhecimento. Na economia, a ética não será do economista, mas da ciência econômica, sendo incorporada ao arcabouço da racionalidade em si mesma. A ética, por sua vez, faria parte do conhecimento e a racionalidade estaria subordinada a seus propósitos.

Essa proposta tem sido criticada em diversos debates, sob o argumento de que a inclusão da ética levaria a um autoritarismo do economista sobre o resto da sociedade. Essa crítica pode ser contestada, lembrando que a racionalidade econômica atual e

---

* Tratei dessa ideia de deuses que têm seus poderes limitados em um livro de ficção chamado *Os deuses subterrâneos*, publicado depois da elaboração deste memorial-tese, e reeditado pela Record em 2005.

todas as anteriores sempre estiveram subordinadas a uma ética manifestada implicitamente nos objetivos sociais a que elas se propunham. Nos últimos 200 anos, tem sido o PIB, que não levou em conta o impacto ecológico, a ampliação da miséria, a desigualdade, a destruição de culturas, os crimes contra etnias[24]. Da mesma forma como foi anteriormente com o entesouramento, que não levou em conta a destruição de civilizações nem a escravidão de milhões.

Além disso, o autoritarismo do cientista só se manifestaria se a ética, que define os propósitos sociais, fosse escolhida por ele, que a definiria e a imporia ao resto da sociedade. Mas a ética será o resultado do consenso ideológico que prevaleça sobre a sociedade. A racionalidade é definida pelo economista, mas a partir de uma ética definida pela sociedade, refletindo nos seus objetivos e desejos hegemônicos.

Não se trata, portanto, de que o economista imponha uma ética que impeça a produção de armas, porque ele é pacifista; que não implante indústrias poluentes, porque ele é ecologista. Trata-se de oferecer ao economista uma nova ética, que incorpore novos problemas que a sociedade já deseja enfrentar, mas ainda não consegue explicitar.

A definição não caberia aos economistas, mas cabe-lhes um trabalho de análise crítica, de denúncia das tensões entre os desejos da sociedade e o que faz a economia. Até que a nova ética se transforme em paradigma, como foi o PIB ao longo de quase dois séculos[25]. Os economistas não definem ética – eles necessitam dela para que os novos valores sejam incorporados e que lhes permitam definir uma nova racionalidade. Mas eles não podem ficar esperando passivamente por essa nova ética, pois, além de usarem a ética ainda prevalecente, eles são também o elemento-chave da legitimação da ética atual, que já não satisfaz. Sendo os teólogos dos tempos modernos, os economistas têm sido os legitimadores do PIB como totem da modernidade. No momento em que o totem passa a receber desconfiança do público, os feiticeiros podem ser autoritários, impondo outro totem contra a vontade da coletividade, ou insistindo na manutenção dos antigos, como símbolo de divindade. Mas podem também denunciar a não sacralidade do totem, a explicitação de sua fragilidade, e mesmo formular alternativas que aos poucos recebam a nova legitimidade da aceitação pelo público. Foi preciso um monge para fazer a Reforma da Igreja Católica, pode ser preciso um economista para fazer a reforma do projeto civilizatório baseado na economia e a reforma do atual pensamento econômico baseado no crescimento antiético.

No momento de dúvidas, cabe a cada teólogo sério ajudar a divulgar e aprofundar a dúvida. Uma religião de dúvidas não pode ser acusada de autoritária.

Com essas críticas, dúvidas e alternativas, por um período de tempo imprevisível (o PIB levou pelo menos 300 anos para ser esclarecido como conceito e se consolidar como indicador da riqueza social), o processo social tenderá a consolidar uma consciência coletiva por um novo valor comum, como tem sido consolidada nos últimos dois séculos a ideia de progresso, riqueza material e produto econômico nacional como destino e propósito do homem.

O economista teórico-explicativo, isolado em seu escritório, refletindo sobre a filosofia do valor, não precisa trabalhar submetido a uma ética, mas o economista-tecnólogo, que usa seu conhecimento técnico para transformar a sociedade e o mundo, precisa estar submetido a uma ética social, pois, se seu poder não estiver submetido, estará submetendo a sociedade. Como um físico teórico, que deve ter o direito de pesquisar uma teoria capaz de destruir o universo, mas não pode ter acesso aos recursos para construir a bomba que sua teoria produziria, e se tiver os recursos, deve ser impedido de fabricá-la.

A liberdade deve ter como limite seu poder de reduzir a liberdade. E a ciência econômica tem dado aos economistas o poder de reduzir o potencial da liberdade: pelo desemprego legitimado na eficiência, pela destruição ecológica que não aparece ou mesmo aparece positivamente nas estatísticas, sacrificando as gerações futuras, pela ampliação das desigualdades que começam a criar duas espécies de seres humanos.

Por outro lado, a ética alternativa, que começou a se fazer necessária devido ao poder catastrófico da economia, já é utilizada por diversas técnicas de benefício-custo. Mais de 20 anos trabalhando em benefício-custo serviram para me mostrar como esse instrumento é básico para o entendimento do problema, mas como é falho, porque depende de uma filosofia ainda inexistente[26]. Em vez de resolver o problema da relação entre ética e liberdade, os **preços-sombra** e as **externalidades** são formas de criar éticas parciais, às vezes pessoais, dos grupos de analistas ou seus superiores. São aplicadas antes de seus objetivos e parâmetros serem aceitos. Além disso, o fato de serem **externalidades** mostra que não houve a ruptura que a economia está exigindo. As tentativas de incorporar o impacto ambiental na análise de projetos mostram a falha do método; fica-se tateando, sem teorias, não se constrói uma nova racionalidade. Para internalizar as externalidades, é preciso de uma base filosófica.

Por falta de uma nova ética que redefina os valores, a ciência econômica trabalha com mitos, como se a medicina estivesse procurando a cura do câncer mudando a cor da vela que se usa nas promessas, ou seja, sem mudar o método de enfrentar o problema, sem mudar as perguntas.

III

O SÉCULO QUE TERMINOU ANTES

Os futuros historiadores das ideias dedicarão muito tempo na observação do enorme esforço intelectual, realizado no século XX, para entender e influir no processo econômico. Especialmente na segunda metade deste século, raros temas atraíram um potencial tão grande de trabalho intelectual quanto os problemas econômicos.

Um assunto que até poucas décadas atrás era apenas marginal na preocupação de filósofos, militantes políticos e homens de negócios, transformou-se em um dos mais importantes assuntos aos quais os pensadores dedicam suas vidas. Desde o final dos anos 1950, uma quantidade dos melhores intelectuais, de todos os campos do espectro ideológico, tem-se dedicado ao estudo dos problemas econômicos. A economia não apenas se afirmou como ciência que atrai pensadores, como passou a fascinar a maior parte dos demais cientistas sociais, que passaram a ver nos métodos da economia o caminho para explicar todos os fenômenos humanos, inclusive psíquicos, sociais, culturais, emocionais.

As estatísticas mostram que em todos os países o número de estudantes, professores e pesquisadores de universidades e centros independentes dedicados à economia cresceu mais do que quase todas as demais áreas do conhecimento.

Essa situação é ainda mais visível nos países em desenvolvimento, nos quais, apesar da escassez de pessoal de nível superior, os problemas econômicos exerceram fascínio especial sobre muitos dos poucos e mais qualificados intelectuais de todas as áreas.

Entretanto, os historiadores ficarão perplexos ao observarem o pouco que esse esforço significou em termos da real compreensão do processo econômico e de sua dominação a serviço da construção de uma sociedade rumo à utopia. Ao contrário, observarão que parte desse esforço limitou-se a um exercício autista entre os próprios cientistas da economia; e outra parte ficou perdida, tanto do ponto de vista teórico, impedindo uma real compreensão dos fenômenos, quanto do tecnológico, da condução da economia, visando construir sociedades mais próximas das utopias. É possível especular que avanços poderiam ter ocorrido no entendimento dos fenômenos do mundo se esse enorme esforço intelectual tivesse sido canalizado para outras áreas do conhecimento, mais vinculadas à construção de um mundo melhor e mais belo, sobretudo se o esforço intelectual nas demais áreas não estivesse subordinado às leis de mercado nem aos objetivos do consumo material nem às unidades nacionais.

Na quase totalidade, o pensamento econômico resultante do trabalho de alguns dos melhores cérebros do mundo foi reverente ao pensamento anterior ou irrelevante para a construção de um mundo melhor no futuro.

A irrelevância pode ser constatada ao se observar o destino da maior parte dos trabalhos de ponta elaborados por pesquisadores a partir dos anos 1950. Do lado dos economistas vinculados à opção capitalista da sociedade, esses trabalhos se voltaram, inicialmente, quase exclusivamente às interpretações dos textos keynesianos, em uma reverência que pouco acrescentava à formulação feita por Keynes, a qual, nos anos 1930, representou de fato um avanço substancial em termos interpretativos e transformadores da realidade.

Esses economistas se dedicaram basicamente ao estudo de Keynes e dos clássicos e ao esforço de matematizar a economia, às técnicas microeconômicas de benefício-custo para decisões empresariais ou às combinações psicológico-probabilísticas que permitem especular no mundo dos investimentos. Dos 22 prêmios Nobel concedidos até 1991, 7 se referiam a trabalhos na área de teoria, econometria ou contabilidade nacional; 9 a problemas de crescimento, equilíbrio, moeda ou comércio internacional; 6 a relações de negócios ou governamentais[*].

Nos países capitalistas com maioria pobre, parte dos economistas concentrou-se no estudo dos problemas e na formulação de técnicas de desenvolvimento, planejamento e análise de projetos, sem entender, contestar ou reformular os objetivos desse desenvolvimento. Outra parte dedicou-se ao estudo de interpretações do marxismo. Os primeiros foram irrelevantes para resolver os problemas da sociedade, os demais reverentes seguidores de **Keynes** ou de **Marx** ou de ambos. Não serviram ao avanço estético para aumentar o conhecimento mundial nem ao avanço utilitário para resolver os problemas de suas sociedades. Não foram bons cientistas sociais nem bons engenheiros sociais.

A análise dos textos permite constatar que quase nenhuma obra ficou a salvo, no sentido de promover uma transcendência

---

[*] Em 2001, estive uma semana trabalhando em Dacca, Bangladesh, dentro do Grameen Bank, dirigido por Muhammad Yunnus. Enquanto fazia a revisão deste texto, tomei conhecimento de que Yunnus havia recebido o Nobel da Paz de 2006. Um doutor em Economia pela Universidade de Vanderbilt, que fez uma obra monumental. O maior de todos os trabalhos teóricos e práticos na erradicação da pobreza, mas cujo prêmio não é de Economia, e sim de Paz. Um trabalho nitidamente de economia, mas esta não o reconhece. Tanto que recebe o Nobel da Paz, porque a Economia insiste em fazer a crescer a riqueza, não em reduzir a pobreza. Essa redução é assunto da Paz.

eficaz. Diferentemente das ciências físicas, nas quais cada trabalho de ponta avança de maneira perceptível com relação aos trabalhos anteriores e induz avanços ao conhecimento posterior, os artigos sobre econometria foram quase todos superados pela indiferença de outros economistas, por falhas intrínsecas à própria lógica ou por inconsistência com a realidade.

O mesmo pode ser dito sobre os trabalhos que visavam intervir na promoção do desenvolvimento econômico. As formulações caíram na indiferença, como meras elucubrações, ou, ainda pior, demonstraram que não conduziam ao bem-estar a que se propunham. Ao contrário, em muitos casos, o êxito na sistemática de aplicação das propostas provocou resultados deploráveis.

A situação é ainda mais constrangedora no lado dos economistas que ficaram presos à ortodoxia marxista. Durante décadas concentraram seus esforços na tentativa de mostrar que os textos clássicos de **Marx** diziam a verdade de maneira permanente. Os anos mostraram o fracasso desses trabalhos. Se as ideias de **Marx** serviram para explicar o capitalismo do seu tempo, elas perderam a capacidade explicativa para o capitalismo do final do século XX.[*]

O mundo mostrou-se mais complexo e mais perverso do que as teorias econômicas formuladas e ensinadas nas universidades do mundo inteiro.

Uns poucos, nem sempre reconhecidos como economistas, anteciparam a crise do fim do século XX, o **século da técnica**, mas não conseguiram iniciar com consistência a teoria de um novo **século da ética**, uma ciência econômica capaz de combinar

---

[*] Posteriormente a este memorial-tese, tratei desse assunto nos livros *A cortina de ouro* e *Admirável mundo atual*, e também em alguns artigos.

os valores éticos que definem os propósitos, com uma lógica que explica e conduz o processo pelo qual as pedras, as plantas e os animais se transformam nos homens e seus produtos.

As próximas décadas reservam para os economistas, especialmente das gerações futuras, o desafio de construírem um novo marco teórico, navegando um período de grandes mutações nas bases teóricas e ideológicas do pensamento. A ciência econômica vai atravessar essas mudanças que, de certa forma, vêm sendo especuladas em grande parte dos textos citados nas notas de rodapé deste texto.

IV
O ESFORÇO PARA REFORMAR A ECONOMIA

O MESMO PARADIGMA

Apesar de todo o avanço realizado pelo pensamento econômico, este ficou preso, em dois séculos de história, à mesma escola: o paradigma da Revolução Industrial. Apesar das diferenças entre eles, todos os grandes economistas ficaram presos às mesmas visões e premissas, no que se refere aos problemas fundamentais. Dentro de poucas décadas, no máximo um ou dois séculos, só especialistas serão capazes de identificar a diferença entre cada um deles, inclusive Marx, como hoje só os iniciados no assunto sabem as diferenças entre cada um dos doutores da Igreja, ou entre os filósofos clássicos gregos.

O quadro a seguir indica, para nove importantes economistas e suas escolas, como essa diferença é inexistente ou pequena, em relação a sete fundamentais problemas da economia:

I. Teoria prevalecente do valor:
valor trabalho (VT) ou valor não relevante (X);

II. Como é visto o futuro da evolução econômica:
pessimista (P), otimista (O), meio pessimista (MP), superotimista (SO);

III. Crença em alguma forma de equilíbrio:
natural (NAT), estagnação inevitável (ETG), desastre inevitável (DES), só o estado mantém o equilíbrio (EST), equilíbrio é uma combinação do Estado com o processo natural (E/N);

IV. Neutralidade ou envolvimento ético do cientista e da ciência com o objeto de estudo:
sim (S), não (N);
V. Propósito do processo econômico:
PIB (PIB), PIB com distribuição (P/D);
VI. Unidade geográfica a ser levada em conta na medição do propósito: nacionalista (NAC), irrelevante (X);
VII. Relação da unidade geográfica com o resto do mundo: cosmopolita (COS), nacionalista (NAC).

	Teoria do valor I	Evolução II	Equilíbrio III	Neutralidade IV	Propósito V	Unidade VI	Relação exterior VII
Smith	VT	O	NAT	S	PIB	NAC	COS
Ricardo	VT	MP	ETG	S	PIB	NAC	COS
Malthus	VT	P	DES	S	PIB	NAC	COS
Marx	VT	SO	EST	S	P/D	X	COS
List	VT	O	E/N	S	PIB	NAC	NAC
Utópicos	VT	O	E/N	N	P/D	NAC	COS
Neoclássicos	X	O	NAT	S	PIB	NAC	COS
Keynes	X	O	E/N	S	PIB	NAC	COS
Cepal	X	SO	E/N	N	P/D	NAC	NAC

- **Teoria do valor:** Todos assumiram o valor trabalho ou nenhuma teoria relacionada a esse fator.
- **Evolução:** Todos foram otimistas, com exceção de Malthus; houve uma dose de pessimismo de Ricardo; Marx foi o mais otimista de todos, prevendo apenas que ocorreriam revoluções sociais para que a evolução econômica fosse retomada, depois de superadas as crises que o capitalismo carrega inevitavelmente.

- **Equilíbrio:** Todos viam como possível, embora Malthus falasse da necessidade de guerras e epidemias, Keynes propusesse a necessidade da intervenção do Estado e Marx o apresentasse na forma de mutações qualitativas, decorrentes das lutas de interesses entre as classes e das contradições sociais.
- **Neutralidade:** Praticamente todos, exceto os socialistas utópicos e até certo ponto os Cepalinos, que eram portadores de uma forte ética, os economistas assumiram a necessidade e a possibilidade de neutralidade do cientista e da ciência diante da realidade econômica[27].
- **Propósito:** Todos têm por objetivo o aumento da riqueza, apesar da diferença entre a proposta distributiva de Marx e dos demais.
- **Unidade:** Com forte resquício de mercantilismo, a unidade geográfica da economia foi a nação, salvo para Marx, que não se preocupou com esse assunto, uma vez que sua opção era pelo proletariado internacional.
- **Relação com o exterior:** Mesmo sob a ótica da unidade nacional, todos – exceto List[28] e a Cepal – foram cosmopolitas. Talvez, por isso, o filósofo e esta escola não são considerados entre os grandes marcos do pensamento econômico. Com diferentes nuances, todos viam a relação internacional livre como a forma de ampliar o produto nacional. Os capitalistas defendendo a integração dos mercados como forma de viabilizar uma economia mais eficiente e Marx, por sua vez, a internacionalização inevitável por meio do proletariado.

Tal qual nos últimos dois séculos, a ciência econômica pode solucionar a tensão entre teoria e realidade, seja por uma revolução radical nos moldes de Smith, mudando os propósitos e a lógica da economia, seja mantendo os propósitos e realizando **truques epistemológicos**, que deem a impressão de novas explicações para justificar as crises, mas conservando o mesmo objetivo: o aumento da riqueza material.

Aparentemente, a insatisfação geral tem levado os economistas a preferirem uma volta ao passado, em vez de um avanço. Insatisfeitos com Marx e Keynes, voltam-se ao pensamento liberal e assumem tolerância com a crescente desorganização da economia, no que se refere à perda da harmonia social.

Essa alternativa tenderá a se afirmar ainda mais nos próximos anos, graças à queda do socialismo no Leste Europeu, que dará alento às teorias neoclássicas da economia, e à crise de emprego e de perspectiva nos países ocidentais ricos, que levará a juventude universitária a optar pelo conhecimento de economia técnica, que garante melhores empregos, sem exigir contestações, nem os refinamentos de elaborações intelectuais e tampouco arriscados e difíceis voos filosóficos.

A REVISÃO DO PERCURSO

Apesar da insatisfação com a definição de riqueza e sua relação com o bem-estar, da consciência da imperfeição na teoria do valor, da falta de uma base ética para a distribuição, da constatação dos limites ao crescimento e da mistificação e universalidade do equilíbrio monetário, a ciência econômica continua presa a premissas e paradigmas tradicionais, alguns com mais de 200 anos de formulação.

A realidade atual – que permite uma visão global do processo econômico em escala mundial e constata o fracasso ético deste, demonstrando a fragilidade das teorias e abrindo um novo horizonte às pesquisas e reflexões sobre a relação produtiva do homem com a natureza – cria as condições para enfrentar o desafio de formular novas teorias.

Para tanto, o economista contemporâneo, além de inverter radicalmente as preocupações da ciência econômica das últimas décadas – crescimento e equilíbrio –, deve também elaborar uma nova visão, na qual todas as preocupações dos últimos dois séculos sejam revistas.

O primeiro problema da economia é definir qual é o objeto que será estudado e com que propósito ele deve ser entendido. Desde Adam Smith, esse problema estava resolvido. A ciência econômica estudava a formação e a distribuição do produto do trabalho humano. Explicava como os homens se organizavam para transformar recursos escassos em produtos abundantes. Os demais economistas não mudaram esse propósito, apenas explicaram de maneira diferente como funcionava a economia e como se distribui o produto.

Mas já não basta tentar ampliar a produção; já não convence usar no conhecimento social uma epistemologia no intuito de imitar aquela das ciências naturais nem um objeto de estudo preso ao mundo social que ignora a natureza nem uma economia restrita a cada país[29].

O mundo atual apresenta um desafio que os economistas têm evitado, ao se manterem nas discussões dos meios e dos instrumentos, em vez de checarem as premissas que definem os objetivos e servem de base às teorias. Se continuar prisioneira dessas premissas, a ciência econômica não evoluirá e sua produção continuará sem a repercussão desejada, seja no salto do conhecimento, seja na construção de uma realidade utópica.

As próximas décadas deverão exigir uma revisão nas áreas de concentração e nos problemas a serem enfrentados.

Os novos temas podem ser resumidos em três grandes blocos: o propósito, que exige um enfrentamento ao nível da ética; a racionalidade, dentro de um novo marco ético que exige a reformulação de alguns dos fundamentos lógicos da economia como ciência; e a abrangência do problema econômico, que vai exigir uma visão internacional e planetária ecológica do objeto estudado.

Propósito-objetivo	Ética
Racionalidade-funcionamento	Economia
Abrangência-objeto	Ecologia

V

A REVISÃO DO PROPÓSITO

1
A FALÊNCIA DO PRODUTO:
A POBREZA DO CONCEITO DE RIQUEZA

A ciência econômica evoluiu sob a marca do processo socioeconômico visto como um fim em si, diferentemente da visão medieval, na qual a vida social era apenas parte do processo de salvação espiritual para cada alma. Os economistas romperam também com o simplismo dos panfletários e demais economistas do período mercantilista que, relegando o lado espiritual do processo social, mantinham no entesouramento de metais preciosos o objetivo do processo econômico e social.

Adam Smith e os demais economistas trouxeram ao conhecimento do processo social uma visão terrena e um concreto objetivo de riqueza, vista como produção de bens e serviços. Dois aspectos põem esse conceito em superioridade à visão mercantilista:

a) considera como riqueza os bens e serviços postos à disposição dos homens, como o ouro já fazia parte, mas também na vida do dia a dia, do que o ouro não era capaz.

b) leva em conta o que é produzido pelo homem, elevando o potencial econômico a limites que o trabalho quisesse, e não apenas à disponibilidade de metal que se origina na natureza, cuja oferta é imprevisível, limitada por forças não humanas.

Dessa forma, do ponto de vista humanista, a nova visão era superior.

Passados 200 anos dessa revolução, os economistas mantêm-se fiéis a esse objetivo da economia, a ponto de não o considerarem como preocupação necessária aos estudos da ciência econômica. Assim como os astrônomos não se preocupam com o propósito do cosmo ao estudarem as leis de seu funcionamento e equilíbrio, assim como um economista medieval não se preocupava em contestar, duvidar ou reconsiderar o papel social como elemento da salvação da alma, os economistas modernos não duvidam, não contestam nem reconsideram o objeto da economia, identificado na produção material de bens e serviços medidos pelo produto.

O mundo passa a ser visto entre três conjuntos de entes: os recursos naturais disponíveis, os homens que trabalham e a oferta de bens e serviços, conseguida pelo trabalho que transforma os recursos naturais.

Além de não ser contestado pelos economistas, o produto passou a ser aceito por todos como o objetivo do processo econômico, da mesma forma como a salvação da alma era aceita como o propósito central da sociedade medieval. O produto se transformou em objetivo. O objetivo do mundo passou a ser o objeto da economia: uma ampliação constante e ilimitada dos produtos provenientes desta.

Ao longo da história do pensamento, têm surgido preocupações relacionadas ao uso do trabalho e ao propósito econômico, mas sem qualquer contestação clara do objetivo. **Malthus** (1766-1834) identificou limites no objetivo de crescimento. Marx avançou contestando a legitimidade da apropriação de parte do trabalho por agentes improdutivos. Com base nas suas análises sobre alienação do trabalho, o **Marx** filósofo levantou a possibilidade da liberdade como meta, mas no estágio utópico e estacionário do comunismo. Antes era necessário libertar as forças produtivas para ampliarem ao máximo o produto.

Prevaleceu em todos economistas a visão do objeto da economia como sendo a produção crescente de bens e serviços, independentemente de qualquer propósito maior de realização humana.

A revolução keynesiana leva essa aceitação aos limites máximos. Ao formular suas ideias de crescimento econômico a partir da intervenção do Estado com a finalidade de restabelecer o equilíbrio e a dinâmica, com base na produção de bens sem finalidade de atender a uma necessidade real, ou mesmo com a finalidade de destruição, como armas, e até mesmo armas sem uso, como o arsenal nuclear, **Keynes** consolidou a produção como propósito econômico, mesmo sem valor de uso ou de troca.

A economia tornou-se prisioneira tautológica de uma visão na qual seu objetivo era o fim em si do processo social, sem consideração maior sobre a finalidade teleológica e a essência ontológica do processo econômico. Em vez de substituírem o propósito medieval de ganho da vida eterna por outro propósito terreno, os economistas assumiram que não havia propósito além do próprio propósito econômico, nem mesmo um papel terreno além do próprio produto econômico em si.

Perdeu-se a capacidade de sonhar com uma utopia que fosse além da economia e do consumo.

Desde os anos 1960, dezenas de autores retomaram o que já era considerado pelos existencialistas dos anos 1950: que o consumo não satisfazia existencialmente. No entanto, entre os economistas e o grande público havia a crença de que o crescimento, elevando em todo o mundo o nível de renda e consumo, desmentiria essa realidade. O êxito da produção e do consumismo das últimas décadas, ao lado da violência das drogas e do desemprego, mostra que essa razão não basta como objetivo. A sociedade contemporânea conseguiu elevar o consumo a níveis inimagináveis, mas o resultado não está satisfazendo. A desigualdade, a pobreza, o abandono dos setores sociais, a incerteza, a violência, o antagonismo anticivilizatório, a crise ecológica provocam uma situação que deixa o conjunto de cada sociedade humana descontente.

O que hoje disfarça o mal-estar da utopia econômica é o fato de que ela se pôs como oposição ao socialismo, quando este era uma face do mesmo projeto utópico: sem respeito ecológico, e tendo como meta a transformação ilimitada da natureza em bens e serviços para o consumo. Em vez de reconhecer o fracasso de uma proposta de civilização que não encontrava resposta no capitalismo nem encontrou resposta no socialismo, a queda dos regimes do Leste levou muitos a assumirem que o capitalismo era a solução, porque o outro lado dele próprio fracassou.

Em vez de entenderem a crise do Leste Europeu como o fracasso de uma alternativa social dentro dos mesmos propósitos da civilização industrial, apenas com uma proposta mais justa de distribuição dos resultados e menos libertária do ponto de vista da ação individual, muitos viram o fracasso do bloco comunista como a prova de que o capitalismo era o sistema final da história, com a extrema arrogância de que a história é um tema apenas dos homens presentes: os antepassados seriam estúpidos idealistas, e os descendentes, robôs consumistas. E sem perceber a possibilidade de novos conceitos de riqueza que se definirão no futuro, com a imaginação de novas e imprevisíveis formas de organização social que ainda não pensamos[30].

O fim do socialismo no Leste Europeu despertou para os riscos das utopias produzidas como obras de engenharia social ou para o fim da possibilidade de utopia. Mais uma vez, os teóricos seguem atrasados com relação aos movimentos sociais. Os partidos verdes crescem antes que surja uma teoria que defina corretamente a relação utópica entre **população humana, natureza** e **civilização**. Essa falta de uma teoria não impede o crescimento dos movimentos, mas leva a contradições dentro deles. Faz com que os verdes sejam levados a um conservacionismo no qual a natureza tem prioridade sobre homens.

No momento de grandes mudanças, a falta de teoria não será resolvida se os teóricos ficarem dentro da lógica da velha utopia. Torna-se necessário mudar os velhos objetivos que legitimam a velha lógica e formular uma ética de comportamento social sintonizada com os novos propósitos. Uma utopia que não tenha a arrogância de se considerar única, que assuma a diversidade e não tenha o sentido de perfeição. Se ela fosse perfeita, ela seria imperfeita, porque mataria a beleza da liberdade e da diversidade que ela deve tolerar, e até criar. Deverá apenas usar os meios técnicos de que já se dispõe, para abolir os absurdos, feios e perversos que caracterizam o atual sistema civilizatório: que desiguala os seres humanos e depreda a natureza.

Para dar uma contribuição ao pensamento econômico, o economista contemporâneo deve contestar o atual propósito econômico, sair da visão conjuntural e incorporar em suas preocupações uma análise do propósito da economia e sua relação com o projeto civilizatório.

A dimensão do poder de mobilização de recursos naturais, pelo processo econômico preso ao atual modelo da utopia consumista, ameaça o mundo de forma tão dramática quanto o poder militar nuclear. Os economistas são os criadores de uma silenciosa bomba colocada nas mãos dos homens de negócios, mais poderosa do que as bombas produzidas pelos físicos para os militares*. O projeto humano perde razão de ser e se limita a um individualismo que não resiste ao poder catastrófico da tecnologia usada sem condicionamento de uma nova ética. Mesmo sem o poder de construir utopias, tem-se o direito de sonhar com elas. A revolução teórica se fará depois da revolução ética, que proporá e fará hegemônica uma nova utopia.

Se os economistas ficarem presos à certeza de que seu indicador de progresso é sinônimo de progresso civilizatório, é possível que movimentos alternativos, apesar de suas visões isoladas, terminem sendo os criadores das alternativas utópicas das próximas décadas. Mas, livres dos preconceitos de seus objetivos e das amarras de sua lógica, os economistas poderiam dispor de um arcabouço teórico mais refinado para a criação de novas propostas civilizatórias.

As ciências da natureza estão presas ao mundo físico; as ciências do homem e seus produtos estão presas ao mundo social e a seus preconceitos; a economia, embora presa ao lado social, tem uma vocação para captar o sentido, o custo, a razão e a lógica da transformação da natureza em civilização. Para isso, tem de eliminar, ou ao menos diminuir, os impedimentos derivados dos preconceitos teóricos[31].

Além dessa vocação epistemológica, os economistas têm a legitimidade de propor mudanças, uma vez que eles têm sido os legitimadores do presente quadro teórico que orienta o processo social. Apesar disso, a economia, como ciência, continua em

---

* Tratei desta comparação no livro *Os tigres assustados*, publicado pela Editora Record em 1999.

grande parte alheia a esse problema, prisioneira ainda de um propósito definido há mais de 200 anos e de uma lógica que todos os dias demonstra suas fraquezas.

A atual visão de riqueza tem dois componentes, ambos insatisfatórios: é vista como fluxo e com base apenas no produto material. A visão de fluxo faz com que a economia deixe de ser sintonizada como parte de um processo maior de civilização, em constante ampliação do patrimônio da humanidade. A visão do produto material do trabalho deixa de considerar o valor do tempo livre, desconsidera o produto que não entra no mercado, e ignora o valor dos bens naturais existentes e dos produtos culturais, produzidos ou destruídos no processo de produção da economia.

Ao sair do entesouramento em ouro e assumir o PIB anual, os economistas criaram uma contradição. Ao mesmo tempo em que liberaram sem limites o resultado da produção humana e criaram as bases para uma visão de crescimento, rompendo com a visão do tempo circular, os economistas ficaram presos a uma circularidade anual. O objetivo é um processo civilizatório, mas sua medição é limitada entre os dias 1º de janeiro e 31 de dezembro de cada ano.

O absurdo desse propósito, aceito de forma generalizada, é o fato de um produto concebido nos primeiros dias do ano e destruído antes do último aparecer como dado positivo na contabilidade nacional, mesmo quando não tenham se transformado em produto permanente, graças à vida dos homens, ao acúmulo material e ao prazer que terão, salvo o prazer de consumir o supérfluo e o provisório. Fatos e feitos que não se traduzem em pagamento não são valorizados nem incluídos nos resultados da civilização daquele momento, como os trabalhos caseiros, ou feitos por prazer. O nascimento de cada criança é considerado negativo, não importa a alegria que traga aos pais, porque reduz a renda *per capita*, enquanto um novo bezerro representa um aumento no produto nacional, e por isso significaria uma contribuição ao processo civilizatório; dessa forma, a economia legitima o absurdo: a gravidez das mulheres consta negativamente a cada ano, como redução da produtividade, enquanto a gravidez das vacas reflete-se positivamente como aumento do produto econômico que elas realizam[32]. Obviamente, essa é uma visão equivocada do ponto de vista do humanismo, mas aceita, defendida e promovida pelos economistas e pelo pensamento econômico.

Ao concentrar a preocupação econômica na produção material de bens e serviços, o processo econômico ignora as conquistas do tempo livre, o aumento do conhecimento, o avanço cultural, a conquista e o uso da liberdade.

Mesmo os economistas que dispõem de uma visão mais ampla do processo civilizatório insistem que essas preocupações não dizem respeito ao processo econômico, que deveria continuar a ser visto em si, sem ter de optar e considerar a amplitude maior do conjunto das ações do homem. Insistem, metaforicamente, que o papel do economista é equivalente ao de um médico, que tem por objetivo buscar a saúde do cliente, sem preocupações com o uso que ele fará de seu corpo saudável. Esquecem que, no caso da economia, o "médico" não apenas está trazendo saúde, está construindo o próprio corpo e definindo o conceito de saúde.

Ao limitar sua consideração ao fluxo material, a economia valora igualmente um produto que visa aumentar a liberdade e o acervo cultural e um produto que visa à destruição pela guerra. A venda de um produto não leva em conta todos os custos nem todos os benefícios que sua produção provocou sobre a humanidade: se, no ano considerado, a construção de um bombardeiro gera maior valor agregado do que a de um hospital, a economia não leva em conta os mortos pelas bombas nem os doentes cujas vidas foram salvas. Se um refinado queijo gera mais renda que 12 litros de leite, a economia não considera as crianças que passarão fome.

2
A FALÊNCIA DA LÓGICA: O MISTICISMO DO MÉTODO

A ciência nasceu de uma necessidade humana de explicar o mundo pela beleza e pela conveniência do entendimento. A ciência econômica nasceu dessa mesma necessidade, acrescida depois de um complexo de inferioridade dos economistas no desejo de imitar o método científico das demais ciências, na hora de fazer a explicação.

No começo, os que procuravam explicar o mundo da produção, como **Aristóteles, São Tomás de Aquino** e os mercantilistas, procuravam ver a essência do processo, a beleza e a conveniência juntas, a ética e a lógica simultaneamente. Posteriormente, os economistas quiseram fazer uma ciência com as características da física. E fracassaram.

O simples fato de existirem diferentes linhas de pensamento já seria prova de impossibilidade de uma "economia newtoniana". Enquanto a física dividiu suas explicações entre as científicas e as esotéricas, radicalmente separadas, as ciências econômicas, que se autodenominavam e eram aceitas como manifestações de pensamento científico, dividiam-se em ramos radicalmente diferentes para explicar o funcionamento da economia. E todos se arvoravam como cientistas.

Além disso, todas as diferentes linhas de pensamento erraram ao quererem imitar **Newton**. Nenhuma previsão se confirmava com base científica. A despeito de os gregos ou os maias, com métodos diferentes, terem sido capazes de prever um eclipse com décadas de antecedência, os economistas não foram nem são capazes de prever os fenômenos que lhes dizem respeito com semanas de antecedência. A surpresa é uma constante no funcionamento da economia.

Porque os átomos no interior da lua não têm vontade própria, a gravidade age independentemente do desejo deles, enquanto a ciência econômica trabalha com vontades individuais, com interesses conflitantes e mutáveis a cada hora do dia.

Nessas condições, é prova de falta de rigor científico querer ter na ciência econômica o mesmo tipo de rigor inerente ao método científico da física. A incorporação da teoria de jogos e o uso do método probabilístico satisfazem a aceitação do erro, mas não agregam valor científico – salvo à matemática, porque é a própria essência da ciência econômica que exige um método diferente, ainda não encontrado.

Bertrand Russel inicia sua obra intitulada *The Problems of Philosophy* com a ideia de que o primeiro problema da filosofia é distinguir entre aparência e realidade:

> *Alguma sabedoria no mundo é tão certa que nenhum homem razoável duvide dela?... No dia a dia da vida, nós assumimos como certas muitas coisas que, em uma observação mais rigorosa, descobrimos serem tão cheias de contradições que só uma grande quantidade de pensamento permite saber em que devemos realmente acreditar.*

O grande filósofo mostra como os pintores "têm que desaprender o hábito de pensar que as coisas parecem ter a cor que o senso comum diz que ele 'realmente' têm, e aprender o hábito de verem as coisas como elas aparentam".

Não se trata, portanto, de probabilidades para definir o grau de incerteza da realidade, mas de entender que esta tem muitas cores, conforme o pintor, ou o economista, aprende a perceber e a descrever como uma realidade independente.

Isso fica mais claro ao se observar os economistas de formação religiosa, no cristianismo medieval. O trabalho era uma forma de expiar o pecado original e sobreviver para servir a Deus; a usura, a especulação, a ambição da riqueza, eram vistas na sociedade feudal como pecado. Com o mercantilismo e a Reforma Protestante, o trabalho passa a ser o caminho da redenção; a parcimônia, a austeridade, a usura e a especulação como partes de um processo global. A religião torna-se elemento da economia. Os sucessores de São Tomás de Aquino, que viam a economia apenas como um meio de realização religiosa, passaram, com a Reforma Protestante, a ver a religião como uma forma de dinamizar a economia.

Max Weber estudou esse tema em sua obra *O capitalismo e a ética protestante*. Mesmo para o catolicismo, Tzvetan Todorov vai mais longe ao dizer: "Teoricamente [...] o objetivo da conquista foi expandir a religião cristã; na prática, o discurso religioso é um dos meios que garantem o sucesso da conquista: fim e meios trocaram de lugar".[VII.1]

O trabalho filosófico de Marx avança nessa concepção. O materialismo do filósofo alemão é mais humanista do que os trabalhos de todos os economistas do mundo burguês, ao buscar encontrar um propósito humano que vá além da simples produção.

Entretanto, esse propósito humano ficava restrito especialmente às análises filosóficas, sem penetrar nas econômicas.

Ao se preocupar apenas em explicar, sem querer justificar, a ciência econômica se nega. Sem o uso de valores de juízo, não há como justificar o uso do poder técnico para realizar objetivos que ameaçam o futuro da humanidade. Com neutralidade, a teoria neoclássica explicaria e justificaria, sem paixão pacifista, sem emitir juízos de valor, a renda a ser paga por uma sociedade ao proprietário de uma bomba atômica enterrada em algum lugar de uma grande cidade, apenas para que ele não a explodisse.

Por outro lado, ao radicalizar em seu pessimismo, a pressão dos ecologistas pode funcionar como se justificasse o pagamento dos tributos para evitar a explosão de uma bomba que talvez nem ao menos exista, mas na qual todos acreditam.

3
As linhas para a reformulação

A definição de essencialidade

Ao desaprenderem a ver as cores como o senso comum diz que elas realmente são, os pintores adquirem a capacidade de ver as coisas como elas aparentam ser. Eles reinventam cores, que podem estar mais próximas da realidade do que o senso comum, ou podem estar mais distantes da realidade do que ela é, mas, em qualquer das duas hipóteses, sua obra estará mais próxima da beleza que eles buscam.

O pintor, ao buscar a cor que vai usar, tem um propósito claro, acima da realidade ou da aparência: a sensação de beleza que ela vai transmitir ao observador.

Os economistas consideram que não há separação entre a aparência e o real. Mas, diferentemente de um pintor comprometido com a estética, os pensadores econômicos aceitaram o PIB como o propósito real, nem aparência nem meio para realizar um projeto utilitário, ético ou mesmo estético superior à produção. Deixaram de levar em conta que a produção é apenas um meio, ou até mesmo uma representação falsa do objeto desejado pela civilização.

A ideia de ampliar o patrimônio global, livre dos mitos, põe duas dificuldades básicas: filosófica – a definição dos objetivos essenciais e do valor essencial a que a humanidade busca; técnica – a criação de um numerário que permita medir os resultados do processo econômico na realização dos objetivos essenciais.

As pesquisas devem encontrar formas de substituir o fluxo anual de produto pela ampliação do patrimônio civilizatório. Para isso, o economista não deve fugir de sua responsabilidade nem ignorar o enorme potencial intelectual que tem, em comparação com os outros profissionais, para a definição dos vetores básicos que contêm a **ânsia civilizatória**.

A ideia mercantilista de **entesouramento** pode ser recuperada, com uma nova dimensão em que: o valor adquira uma razão **ontológica** e **teleológica** diferente do simbolismo dos metais preciosos; o **valor da terra** possa ser recuperado, mas em função da Terra vista planetariamente, diferentemente das limitações fisiocratas do solo; os **temores malthusianos** sejam levados em conta, mas com a consciência das possibilidades da técnica, quando subordinada à ética; a **preocupação marxista com a distribuição** não seja esquecida, mas em um mundo com estrutura e interesses de classe mais complexos do que aquele no século XIX; em uma época na qual os bens supérfluos têm uma participação elevada no produto global, e parcela dos trabalhadores faz parte do grupo dos privilegiados, separado das massas por um sistema de **apartação global**, e a definição de exploração decorre menos da posição na linha de produção – capitalista ou trabalhador – e mais da capacidade de apropriação de parte do produto – **consumidor ou excluído** – com base no conhecimento educacional de que a pessoa dispõe.

O propósito passaria a ser a ampliação do patrimônio global da humanidade e do país. A cada ano, se mediria o fluxo líquido agregado ou diminuído do patrimônio.

A primeira dúvida que surge no economista que deseja alternativa ao propósito atual é como superar a imaginação do consumo como símbolo do progresso e razão maior do processo humano. Mas cabe lembrar que esse símbolo não tem mais que dois séculos no pensamento de alguns pioneiros da filosofia social, e não mais do que algumas décadas no imaginário coletivo. O fato de já estar tão arraigado, apesar de tão jovem, decorre da sintonia do individualismo que caracterizou o mundo ocidental a partir do século XVIII, com o tipo de avanço técnico orientado para criar novos produtos de consumo, formando a marcha desse casamento do individualismo com o avanço técnico para a criação de bens de consumo, com um novo tipo de ser social, o homem consumista do século XX, como se ele fosse um arquétipo permanente da humanidade. Capaz de simbolizar a conquista da natureza, a apropriação de tempo livre, a produção ilimitada da riqueza.

O consumo conseguiu dar a ilusão de que o homem vivia no Olimpo, usando os refinados bens dos deuses, que era um Prometeu livre, um Midas que não se asfixiava com o ouro que suas mãos produziam, porque era capaz de controlar o poder de seu toque, fazendo "um ouro" digerido que servia aos propósitos que ele desejava.

A consciência ecológica passou a exigir uma visão não individualista que se acirra, em função da brutal desigualdade social do final do século. Em um planeta ameaçado, cada indivíduo está ameaçado, e descobre seu interesse no interesse coletivo, a necessidade de combinar seu individualismo com o coletivo, de ter um egoísmo que leve em conta o interesse do outro. Já não se trata do coletivismo anterior ao Iluminismo nem do individualismo regendo os interesses coletivos da visão de **Adam Smith**, mas de um egoísmo inteligente, que percebe que sua realização depende do resto dos seus semelhantes e da natureza.

De qualquer forma, um número crescente de pensadores e uma parte crescente da população sente a necessidade de uma revisão de propósito na busca de novos valores. A quantidade de textos sobre o assunto e de pessoas que hoje trabalham nesse tema já mostra que o problema não representa apenas uma moda.

Em *A desordem do progresso*[33], a proposta é de que o **tempo livre** e o seu uso cultural devem ser o elemento decisivo na definição da essencialidade do processo histórico e civilizatório.

A MEDIÇÃO DOS RESULTADOS

A ideia pode ser trabalhada, procurando transformar o PIB e sua taxa de crescimento em índices que considerem todos os efeitos do processo econômico sobre a sociedade e o meio ambiente. Para isso, é preciso levar em conta todas as variáveis que agem como vetores na definição da qualidade de vida da coletividade e de seus indivíduos, em função do aumento do tempo livre para ser usado no exercício estético, lúdico. A produção desse tempo livre, incluindo seu "consumo", caracterizaria o aumento do patrimônio da humanidade.

Só como exemplo, é preciso levar em conta, para cada período de tempo, variáveis (algumas positivas, outras negativas, benefícios ou custos) como:

- mortalidade infantil no período, índice e número absoluto;
- grau de liberdades civis;
- área de florestas destruídas;
- indicador de qualidade do ar;
- nível de endividamento público;
- nível de endividamento externo, público e privado;
- pessoas em nível de pobreza absoluta, número e índice em relação à população total;
- número de mortos em acidentes;
- número de mortos por violência;
- número de crianças assassinadas;
- número e índices da população jovem e adulta analfabeta;
- número de crianças abandonadas e proporção quanto ao total de crianças;
- disponibilidade dos principais recursos naturais não renováveis;
- número absoluto e proporção de crianças que terminam o ensino médio;
- número absoluto de cientistas disponíveis no país e proporção com relação à população;
- número de patentes firmadas reconhecidas no país;
- número de médicos, de engenheiros, de professores do ensino básico disponíveis no país;
- número de livros publicados no país;
- taxa de inflação registrada no período;
- valor do Produto Interno Bruto (PIB);

- indicador da distribuição da renda entre a população;
- indicador da distribuição da renda entre salário e lucro;
- número de bancas escolares disponíveis;
- número de leitos hospitalares disponíveis;
- tempo médio gasto diariamente por passageiros de transporte urbano.

As próximas décadas levarão a tentativas e experiências constantes para revisar o conceito de "produto" na linha do que vem sendo tentado pela ONU e alguns países, como a Noruega. Levarão também a esforços metodológicos de quantificar variáveis com valor ético e de tratar as que são realmente intangíveis.[VI.2]

O Brasil, mais do que qualquer outro país, tem condições de formular uma alternativa porque aqui, mais do que em qualquer outra nação, há total dissonância entre riqueza e desejos sociais: o Brasil tem cada vez mais riqueza e cada mais descontentamento. Diferentemente da Europa e dos EUA, onde a riqueza oferece contentamento, e da África, onde o descontentamento ocorre com aumento do quadro de pobreza[34].

O PAPEL DOS ECONOMISTAS

Nos debates de que tenho participado nos últimos anos sobre o papel dos economistas neste momento da história, ao cobrar uma revisão de postura desses profissionais, percebo uma reação, especialmente entre os jovens estudantes, de que eles devem trabalhar apenas na racionalidade que ajuda a realizar os objetivos definidos pela sociedade, sem influência dos economistas nessa definição. Alguns argumentam que, no novo caminho proposto aos economistas, eles se perderiam. Outros dizem que os economistas seriam autoritários ao impor suas concepções.

O primeiro ponto é verdade. Na expressão de uma aluna no curso que dei na Thames Polytechnic[35], "o economista se perderia quando tentasse ampliar o campo de suas preocupações". Mas já estamos perdidos[36]. Porém, muitos têm a ilusão de estarem no caminho certo. Além disso, a nova descoberta só é possível para quem estiver perdido – e o pior tipo de perdido é aquele iludido por falsa bússola. Um novo caminho só aparece se no instante anterior o caminhante percebe que está perdido. Por outro lado, uma nova ciência só surge de uma ampliação do campo de preocupações de seu profissional. Para fazer a economia avançar, é preciso não ter medo de se perder por algum tempo, enquanto os velhos padrões acompanham o pensamento e antes que surjam novos valores e conhecimentos.

No segundo aspecto, cabe aos economistas participarem da crítica para a construção de uma nova visão de mundo, por meio da qual o pensamento econômico ajude a construir novos valores éticos e sugira novos objetivos sociais, compatíveis com esses valores. A partir disso, ajudariam a formular uma nova racionalidade econômica que, por sua vez, orientaria as opções técnicas a serem utilizadas*.

Cabe, portanto, aos economistas colaborarem com a subversão do que se faz na modernidade atual, na qual são fundamentais as técnicas utilizadas, às quais a racionalidade econômica foi subordinada, e que subordina, por sua vez, os objetivos sociais, desprezando totalmente os valores éticos.

O economista não pode fugir de sua responsabilidade nem ignorar seu enorme potencial intelectual, em comparação com

---

*   Essa ideia foi desenvolvida depois deste memorial-tese, no livro *A cortina de ouro*, publicado pela Editora Paz e Terra em 1995.

outros profissionais, para definir os vetores básicos que contêm a ânsia civilizatória*.

---

* Essa ideia foi desenvolvida, depois deste memorial-tese, no texto *The Revolution of Small Things*, apresentado no Banco Mundial em junho de 1999. O uso de incentivos sociais como Bolsa-Escola, Poupança Escola, Cesta Pré-Escolar, mostra como a lógica econômica pode ser usada com objetivos sociais, definidos por valores éticos.

VI
A REVISÃO DAS PREMISSAS: OS TEMAS ECONÔMICOS DA PRÓXIMA DÉCADA

1
A INCORPORAÇÃO DA NATUREZA

O VALOR DA NATUREZA
Quando o baixo poder do vetor tecnológico permitia uma disponibilidade ilimitada de recursos naturais, era compreensível e consistente não incorporar a natureza ao componente do valor. A reduzida dimensão das necessidades e o pequeno poder das técnicas permitiam que se ignorasse os efeitos negativos do processo produtivo sobre as gerações futuras, assumindo-se que elas herdariam um mundo utópico privilegiado, graças ao avanço técnico, sem qualquer depredação ecológica.

As últimas duas décadas mostraram o risco e a insensatez dessa lógica. O avanço técnico adquiriu um poder quase ilimitado do ponto de vista da transformação da natureza, sendo capaz de manipular um abrangente espaço físico, podendo criar fortes deseconomias e desequilíbrios. Ao mesmo tempo, as necessidades de consumo cresceram de forma vertiginosa, sem qualquer respeito às limitações naturais e aos efeitos negativos do processo produtivo sobre o meio ambiente.

Torna-se necessária uma visão diferente de valor, que inclua o componente natural necessário à produção. Isso significa que a energia dos economistas contemporâneos deverá ser utilizada, em grande parte, para buscar uma nova teoria do valor: que inclua o valor intrínseco da natureza.

Em uma visão naturalista, neofisiocrática ou biocêntrica, o valor econômico estaria no aspecto não econômico da natureza. Nega-se o processo econômico, como se o trabalho humano fosse apenas um elemento de desequilíbrio natural a ser evitado. Essa visão não pode resistir à análise econômica, pois a nega. Pior ainda, nega o próprio processo civilizatório, ao tratar o homem apenas como um elemento não diferenciado do resto da natureza; e torna-se desnecessária, pois, se o homem é apenas parte da natureza, suas inconsequentes ações destrutivas são parte da ação natural; como foi natural o meteoro que extinguiu os dinossauros, com a única diferença de que dessa vez a destruição é provocada pelo ser humano, ou seja, pela própria natureza.

Com seus instrumentos, produzidos pela razão que também é parte da natureza, os homens fariam apenas o que alguns elementos insensatos da natureza fizeram no passado. Para ser consequente, a visão biocêntrica não deve ter uma preocupação ecológica. A identidade do homem com o resto do mundo isenta-o de responsabilidade. A responsabilidade do homem só se justificaria se lhe fosse considerado um papel especial e um projeto especial. Só uma visão humanista, e não biocêntrica, é capaz de dar responsabilidade ao homem.

Qualquer visão humanista tem de necessariamente pôr o homem como centro do processo natural que ele analisa. A ruptura com o antropocentrismo é uma negação do humanismo e da civilização. A espécie humana não pode escapar de ser antropocêntrica; o que deve ser reformulado é a visão arcaica do antropocentrismo arrogante, no qual o resto da natureza é desprezado e sem valor[37].

Uma postura nova está na formulação de uma teoria do valor que considera os interesses humanos, mas com a consciência de que o processo civilizatório deve ser visto em sua permanência histórica, no futuro distante, e que isso depende diretamente da base natural que o sustenta. O processo econômico existe graças ao trabalho humano, para satisfazer as necessidades humanas e ampliar o patrimônio da civilização. Porém, tal processo encontra limitações na realidade natural, que, portanto, tem valor intrínseco, embora esse valor decorra do seu papel de base do processo civilizatório dos homens.

No livro *A desordem do progresso*, é proposto um caminho para esse entendimento na visão da natureza como componente do valor em razão de suas três funções para a humanidade: biológica, como base da vida; econômica, como base do processo produtivo para ampliar o tempo livre disponível; e patrimonial, como parte do acervo que a humanidade de hoje herdou e deve transferir às futuras gerações.

A ENTROPIA ECONÔMICA

Até recentemente, era impossível ter consciência da importância econômica e biológica de uma natureza que era inesgotável naquele nível de poder tecnológico, ainda menos o seu valor em si como patrimônio a zelar. Os desastres ecológicos despertaram a consciência dos limites econômicos e dos riscos biológicos e começaram a despertar o homem para o valor da natureza em si.

É a dimensão do poder tecnológico que provoca e dificulta o tratamento científico do problema ecológico. Há até poucas décadas, o desenvolvimento econômico era autossustentado, porque a velocidade de depredação dos recursos e de poluição ambiental era menor do que a velocidade de substituição dos recursos e de renovação do ambiente. Nas últimas décadas, essa dinâmica muda. Para alguns recursos, a possibilidade de esgotamento real passa a ser um risco no curto prazo e a poluição ambiental passa a ameaçar, acumulando graves e imediatos efeitos nocivos.

Essa situação permite o despertar da consciência, mas não é suficiente para formular uma análise econômica dos custos decorrentes da destruição do meio ambiente, provocada pela velocidade com a qual o poder da tecnologia avança. A entropia econômica não depende apenas da natureza, mas também do avanço técnico. Só se fossem conhecidas as reais possibilidades do avanço técnico para substituir os recursos escassos e corrigir seus efeitos nocivos, a economia poderia levar em conta a dimensão entrópica do processo econômico.

A tragédia de Minamata, no Japão, em 1956, comprovou o risco de doenças decorrentes da poluição industrial e estimulou o surgimento de movimentos de proteção ambiental. A necessidade de observar o risco da depredação da natureza surgiu mais fortemente depois do choque do petróleo, em 1973, sendo o subsequente impacto econômico que generalizou a preocupação. O relatório do Clube de Roma, o desastre nuclear de Chernobyl, na URSS, e da Exxon Valdez, no Alasca, provocaram alarme e desenvolveram uma grande preocupação com o esgotamento dos recursos naturais e da poluição ambiental. A famosa primeira foto da Terra vista do espaço, feita em 1968 pela Apolo VIII, trouxe a consciência das limitações do mundo em que vivemos. Entretanto, a queda no preço do petróleo, o êxito de projetos específicos de limpeza do ar e da água em algumas cidades e a banalidade das fotos espaciais fizeram com que os economistas esquecessem o problema*.

Presos à procura de aumentar a produção a preços decrescentes, os economistas só dedicaram tempo ao problema do meio ambiente nos aspectos específicos dos recursos usados na produção. Mesmo esse aspecto era desprezado, considerando que a função de produção se ajustaria à nova realidade de redução na oferta dos recursos. A poluição ambiental só era analisada do ponto de vista da diminuição do preço das propriedades localizadas nas regiões poluídas.

A preocupação ecológica partiu de outras áreas do conhecimento e de militância diferentes da economia. Até hoje, quando o movimento ecológico se espalhou por todo o mundo, generalizando uma consciência que procura incorporar a necessidade de equilíbrio ecológico, os economistas continuam deixando de adotar essa preocupação em suas teorias, com raras exceções, como Georgescuo-Roegen, Ignacy Sachs e Alan Lipietz. Mesmo os economistas que militam nos movimentos ecológicos raramente levam essa preocupação ao nível da teoria de suas profissões. São ecologistas na militância, mas depredadores no exercício da economia. Lutam para proteger o meio ambiente, mas pensam como se os recursos fossem ilimitados, ou como se funcionasse perfeitamente a teoria da substituição dos recursos.

A visão otimista não se limitou ao lado neoclássico do pensamento econômico, no qual o curto prazo e as rentabilidades marginais dão o substrato teórico para o desprezo do problema

---

* No momento da elaboração deste texto (1991), o impacto do aquecimento do planeta e seu efeito sobre o descongelamento das massas polares ainda era uma hipótese, comprovada nos últimos anos pelas medições e pelas observações do caos climático.

ecológico. Os economistas de esquerda e marxistas esnobaram ainda mais as conclusões do Clube de Roma e do que ficou sendo chamado de *neomalthusianismo*. Em 1981, um conhecido economista marxista do Brasil deu parecer contrário à publicação do artigo *O fetichismo da energia*[38], porque, segundo seu parecer, o problema ecológico era uma "invenção do imperialismo para impedir o crescimento do Terceiro Mundo". Para ele, com o otimismo marxista, a humanidade se faz com o progresso técnico, que é sempre positivo e onipotente, o deus da economia.

Uma ciência econômica séria não pode tomar por base a premissa da possibilidade de substituição dos recursos naturais por essa onipotência da técnica. Primeiro, porque mesmo a substituição implica custos que deveriam ser evitados; segundo, porque ela foi formulada para um tempo em que a velocidade de depredação era muito menor do que a velocidade da substituição de recursos graças ao avanço técnico. A relação da economia com a natureza e com o avanço técnico tinha uma velocidade que permitia constante renovação.

A real possibilidade de substituição, não aquela teórica dos textos neoclássicos, depende de duas variáveis: a) a velocidade relativa entre as reservas disponíveis incorporadas e as reservas depredadas, ou seja, a velocidade líquida com a qual as reservas se reduzem; e b) a velocidade de evolução das técnicas, oferecendo novas alternativas de recursos* a custos compatíveis com os recursos utilizados. Devido à imprevisibilidade da evolução técnica e suas relações com o meio ambiente, nada indica que o economista disponha de meios para saber como duas variáveis

---

* Inclusive a reciclagem.

se relacionam, especialmente a segunda, muito menos qual é o sinal da derivada de uma em relação à outra*.

Essa impossibilidade leva o economista a alertar para o risco e propor medidas que evitem catástrofes ou a assumir que o problema não existe. Essa última postura tem sido mais comum entre os economistas, desde que os neoclássicos criaram a ideia do equilíbrio, sem levar em conta as previsões para o futuro no longo prazo. Mais uma vez, vale a pena chamar a atenção para a diferença entre o trabalho dos astrônomos e dos economistas. Os primeiros assumiam não saber por que o comportamento de um corpo celeste diferia do que a teoria previa, e se concentravam em descobrir quais imperfeições nas variáveis e equações estavam provocando a falta de sintonia entre o comportamento real dos corpos e o modelo elaborado pela ciência, mas não criavam um equilíbrio perfeito com as variáveis conhecidas. A lógica dos economistas prefere assumir que não existe aquilo que eles não conhecem.

No risco de uma catástrofe, seria conveniente aprender com os engenheiros. Apesar de todo o conhecimento que têm dos materiais e da perfeição de seus cálculos, sempre tomam um forte coeficiente de segurança, imaginando que as coisas podem ser diferentes e piores. Os economistas, se fossem projetar elevadores, imaginariam que, no caso de uma queda livre por falha do cabo de sustentação, a gravidade se modificaria no momento

---

* Este texto foi escrito em 1991, 18 anos depois da crise do petróleo de 1973. Hoje, a substituição do petróleo ainda não foi enfrentada com o devido rigor, salvo a nossa experiência espacial. A euforia com a qual o Brasil comemorou a autossuficiência em petróleo, que significa a depredação mais rápida de suas reservas, mostra o descuido com que o país as trata.

certo, para evitar o desastre da queda continuada até o fim do túnel, permitindo um novo equilíbrio.

Dentro da visão nacional e de curto prazo em que trabalha a teoria econômica, o conceito de escassez foi visto sempre nos limites de um desequilíbrio temporário entre oferta e demanda, dentro de cada país ou na balança comercial. Entretanto, dentro da realidade do consumo no mundo atual e das exigências de recursos, é perfeitamente possível considerar que o mundo esteja nas vésperas de uma escassez só ocorrida nos casos de desarticulação do sistema econômico, nos momentos de guerras, calamidades e grandes crises. Neste momento, além do desequilíbrio de curto prazo, o que está em jogo é uma escassez real causada por um desequilíbrio de longo prazo, entre a demanda por bens finais de consumo e a disponibilidade de recursos naturais. Essa possibilidade não pode ser enfrentada pela teoria econômica sozinha, uma vez que sua ocorrência dependerá do comportamento de cada agente econômico, da ação de cada agente político, do sentimento de cada indivíduo, e sobretudo da evolução do conhecimento técnico. Todos imprevisíveis. Assim, a economia sofrerá sempre de limitações intrínsecas no tratamento do futuro.

Nenhuma formulação consegue combinar a natural miopia temporal de cada indivíduo com a perspectiva de longo prazo da sociedade. O uso da taxa de juros não é suficiente para tratamento do futuro e a crise atual exige reflexões adicionais que possam permitir o entendimento do problema.

Isso se faz mais urgente na medida em que os efeitos do processo econômico se dão de forma cada vez mais rápida, criando "des-economias" permanentes, mas ainda não de forma tão rápida que os incorpore em um fluxo de benefício-custo privado ao longo da vida de cada indivíduo.

Em um trabalho de 1982, formulei a ideia da análise do ajuste ecológico por meio dos **preços-sombra**[39], com base na análise comparativa da demanda e da disponibilidade de cada recurso natural e considerando as prospectivas dos avanços técnicos. Mas a elasticidade na substituição entre recursos, vista como reagindo sempre e eficientemente a mudanças de oferta, sempre que houver mudança de preços, não capta toda a dimensão do problema da possível escassez real que pode ocorrer em um futuro não distante[*].

O ajuste ecológico pelos preços-sombra não é rigoroso, mas requer um esforço adicional de análise. Nas próximas décadas, um grande esforço de reflexão deverá ser feito para superar os problemas decorrentes do fato de que o custo ecológico, resultante do avanço tecnológico, poderá ser eliminado graças à crença absoluta no poder positivo do avanço tecnológico e do fato de que esse avanço é imprevisível.

Por não existir um conhecimento da dinâmica do avanço técnico, não sendo possível determinar com segurança como ele evolui, torna-se difícil incorporar o problema nos modelos econômicos. Este, além de ser um problema do propósito econômico em si, é sobretudo um problema de incerteza em relação ao futuro. O problema terá de ser tratado, portanto, fora do conhecimento técnico da economia, no espaço dedicado aos valores éticos e às decisões políticas, definindo limites para a economia. Mas nenhum profissional estará mais bem preparado para fazer a síntese dessas diversas áreas do conhecimento do que o economista. Desde que ele se dispa da arrogância de que

---

[*] Prova do descaso da economia com os problemas do meio ambiente é a preponderância que os indicadores de poluição possuem em relação aos de esgotamento de recursos.

a economia sozinha é capaz de dar as respostas que o mundo moderno exige.

A ASFIXIA ECONÔMICA

A brecha de recursos decorrente da depredação é função da velocidade líquida do avanço técnico (velocidade do poder de depredação menos a velocidade da inovação para substituir ou reciclar o recurso), sendo, dessa forma, imponderável saber seu valor. O mesmo ocorre com o tratamento a ser dado à asfixia provocada pelo lado dos resíduos.

Se a tecnologia, que hoje provoca um rombo na camada de ozônio, avançar em técnicas espaciais e químicas que permitam sua recuperação, será possível anular ou reduzir o custo hoje previsível.

A necessidade de procurar um tratamento analítico alternativo é ainda mais urgente, pois, do ponto de vista da economia, vista em sua conotação atual, a depredação e a poluição podem ser positivas, pela dinâmica econômica induzida por investimentos dirigidos a recuperar o que foi destruído, assim como guerras geram um efeito dinâmico na produção de armas durante os conflitos e na subsequente reconstrução das áreas de conflito.

Ainda mais difícil é tratar o problema do valor patrimonial da natureza em si, independentemente do seu uso biológico ou econômico. É o caso das espécies em extinção. Independentemente de sua função na cadeia biológica da qual o homem pertence, e independentemente de um papel econômico, todas essas espécies devem ter um valor para o ser humano, porque fazem parte de um patrimônio do qual cada indivíduo usufrui culturalmente, mas que pertence a todas as gerações futuras. A sua destruição empobrece o conjunto dos homens, ao reduzir o patrimônio disponível.

A humanidade seria mais rica se pudesse dispor hoje de reservas com espécies já extintas. Além do que, a existência atual de dinossauros permitiria uma dinâmica turística. As crianças adorariam saber que eles existem e vê-los em seu *habitat* ou em zoológicos. As gerações futuras deixarão de ter acesso a milhares de espécies que hoje estão em processo de extinção por causa da atividade econômica. Economistas não levam isso em conta.

Se a estimação desse valor torna-se difícil de teorizar, no sentido de quantificar, os economistas não devem, por isso, desprezá-lo. O problema deve ser enfrentado à luz da ética, buscando-se tecnicamente a forma de definir e incorporar o valor patrimonial da natureza.

Mas isso não deve consistir na elaboração de instrumentos que permitam a medição do valor dessas espécies, devido à imponderabilidade e imprevisibilidade da evolução desse problema. Em uma visão antropocêntrica, se a biotecnologia for capaz de repor as espécies de animais, sua extinção deixa de ser uma perda cultural.

As consequências dessas dificuldades são duas: como conhecimento científico, a ciência econômica terá de assumir as características de uma ciência incerta; como instrumento de política, a ciência econômica deverá trabalhar com elevadas margens de segurança, para evitar os riscos de catástrofes e os custos possíveis, mas imprevisíveis, ou previsíveis, mas improdutivos.

2
O VALOR DA CULTURA

O DESPREZO DADO AO *ETHOS*
O desprezo dado à cultura é uma característica da ciência econômica em todas as escolas do seu pensamento. Desde Adam Smith, a visão da economia como a ciência da produção e da distribuição considerou apenas a quantidade de produtos. Para realizar essa produção, os homens deveriam organizar-se da forma mais eficiente possível do ponto de vista físico, sem consideração sobre seus valores culturais.

A cultura do valor aboliu o valor da cultura. A cultura de um povo deveria "evoluir" para servir à dinâmica da economia, mesmo que essa evolução significasse sua destruição.

A palavra *ethos* não entrou no vocabulário da ciência econômica. A teoria econômica ignorou o *ethos* de cada povo como variável objetiva do processo econômico. A cultura de cada sociedade passou a ser vista apenas como entrave a ser vencido, quando ela não estava em sintonia com a maior eficiência possível no processo de produção. Durante 200 anos, a cultura de cada povo só foi considerada pela teoria econômica quando era vista como entrave ao processo de crescimento, no caso dos países em desenvolvimento.

Mais ainda do que os economistas conservadores, aqueles de esquerda radicalizaram no desprezo conferido ao *ethos*. Marx via o mundo caminhando para uma só cultura: comunista, nos moldes europeus. Qualquer cultura não europeia era inferior na escala de civilização, e seria destruída pelo avanço da técnica e das forças políticas do proletariado avançado.

Os resultados são claramente negativos, sob dois pontos de vista. Primeiro, porque, ao relegar a cultura local, a economia cria processos produtivos que não refletem o realmente desejado pela sociedade. Cria modelos que precisam ser impostos à realidade e cria sociedades que não realizam o projeto de bem-estar para o qual a economia deveria existir e estar submetida. Segundo, e ainda mais grave – do ponto de vista da própria lógica econômica, desvinculada da cultura local –, essa economia perde a eficiência que a cultura local pode oferecer, se corretamente utilizada, para maximizar o produto. Um exemplo está no Japão, onde o mais eficiente dos capitalismos foi implantado utilizando relações sociais e organizacionais específicas da cultura japonesa. Os países em desenvolvimento, exemplos de ineficiências, dão provas desse potencial quando se analisa a eficiente competência com que levam adiante atividades cujos produtos e meios de produção estão em sintonia com suas culturas[40], ou ao desastre quando se tenta impor métodos contrários a seus valores culturais.

A percepção dos erros decorrentes da imposição da destruição cultural nas últimas décadas mostra que a teoria econômica precisa reverter essa situação, passando a incorporar o valor da cultura e respeitar o *ethos* de cada povo na formação da economia, tanto do ponto de vista do produto quanto do meio para sua produção. A economia deve definir objetivos diferentes conforme os valores da cultura em que se situa o processo em estudo. Deve também ter em conta que a ampliação do patrimônio cultural de cada sociedade é em si um objetivo fundamental do processo econômico.

Essa proposta pode parecer contraditória no momento em que o mundo caminha para uma integração crescente das culturas locais. Não se trata, por isso, de fechar culturas isoladas ou repudiar o sincretismo universal que já se forma. Trata-se de evitar os custos sociais decorrentes da desagregação cultural em muitos países e criar uma economia crescentemente eficiente nos seus objetivos e meios, graças à cooperação cultural com tolerância, respeito mútuo e sem hierarquias *a priori*.

Até recentemente, prevaleceu entre todos os economistas e nas sociedades uma visão de evolução que classificava as culturas hierarquicamente, conforme a sintonia com a economia que melhor servia ao desenvolvimento técnico. Nos últimos anos, entre os novos desejos das sociedades, tem surgido o gosto pela diversidade cultural.

O mundo passou a ver como moderna a possibilidade de sociedades como a japonesa, que mantém e torna eficiente características que até recentemente seriam consideradas arcaísmo. A geografia política da Europa foi e continua sendo modificada em função das identidades culturais definidas pelo *ethos* de cada povo. Ainda mais, o mundo passou a respeitar e se mobilizar para salvar grupos culturais em extinção. A sociedade brasileira, que durante todo este século tentou negar a existência de indígenas que lhes parecia prova do atraso, tem se mobilizado para proteger esses grupos. A revista *Time*, que durante décadas esteve ao lado dos que viam o entrave cultural ao desenvolvimento por parte de sociedades rurais, dedicou matéria de capa, em 1991, sobre a necessidade de proteger as culturas locais e os grupos indígenas.

A economia do futuro precisará ver na diversidade um traço da riqueza. Isso exigirá uma redefinição analítica de difícil conceituação: na medição do produto e na análise dos custos.

O VALOR DA CULTURA

O utilitarismo não apenas desprezou o *ethos* das outras sociedades: mesmo em suas sociedades, deixou de valorizar a produção cultural, no seu sentido de artes, mitos e atividades lúdicas.

Para a teoria econômica, o que não fosse físico, mercantilizado ou quantificável não era importante. Entretanto, o mundo caminha para perceber que são os bens culturais que mais realizam o processo de civilização. Não apenas porque são permanentes, e portanto compõem o patrimônio, mas também porque, na medida em que se atinge a abundância dos bens materiais, os bens culturais deverão adquirir maior valor.

Isso se tornará crescentemente importante, na medida em que a produção e o consumo material atingirem limites decorrentes das disponibilidades de recursos e das possibilidades de degradação ambiental, pois a produção cultural, diferentemente da material, é quase sempre de baixa intensidade de recursos naturais e efeitos poluentes, e não degrada o meio ambiente.

Os países que hoje permitem a destruição de seus patrimônios culturais pelo mimetismo destrutivo de culturas estrangeiras estão se privando de um recurso econômico de grande dinâmica, por causa do crescente turismo mundial.

3
O VALOR DA POPULAÇÃO

Um dos maiores paradoxos da ciência econômica, quando vista pelos futuros historiadores das ideias, é que, chamando-se fruto do humanismo, ela sempre desprezou a população.

Deslumbrados com as possibilidades do avanço técnico, relegaram o problema populacional. Sempre o viram como um passivo e jamais como um ativo. A população sempre foi o denominador da fração que indicava a saúde econômica de uma sociedade: produto *per capita* = produto nacional/população. É por causa dessa lógica que a gravidez humana tem para a economia um efeito negativo, enquanto a gravidez bovina tem efeito positivo. Além de reduzir o numerador, a primeira provocará uma elevação no denominador da equação, enquanto as vacas, ao parirem, apenas aumentam o numerador.

Com o crescimento demográfico provocado pelo aumento na esperança de vida e com a consciência dos riscos e limitações do avanço técnico, o problema da população surge como vilão do processo social e da tendência ao enriquecimento civilizatório[*].

Os economistas tornam-se neomalthusianos. Aqueles que acreditam nos limites do crescimento assustam-se com a pressão que a população exerce sobre a demanda e, portanto, sobre a natureza. Os que dizem não acreditar nesses limites revoltam-se com a pressão que a população exerce, rebaixando o PIB *per capita*.

Em ambos os casos, o controle da natalidade passa a ser instrumento de política econômica. Em nome do humanismo, defende-se a redução da população. O caminho fica aberto para: (i) justificar a interrupção de programas sanitários que reduzem a mortalidade infantil; (ii) suspender políticas sociais que elevam a esperança de vida; (iii) defender medidas autoritárias

---

[*] Exemplo disso é como o aumento da esperança de vida, que não entra no produto da economia, constando como problema financeiro e fiscal ao pressionar a Previdência Social.

que imponham o controle da sexualidade e da reprodução. A teoria econômica, que deseja ampliar a riqueza humana, passa a ser um elemento decisivo na racionalidade e na legitimidade de políticas que visam limitar o número dos que se beneficiam da riqueza material.

A economia esquece que a humanidade é a condição básica do humanismo e da civilização, deixando de considerar o valor do patrimônio da humanidade em sua relação com a tendência demográfica e ignorando completamente a riqueza cultural e material sacrificada ao frear forçosamente a população.

Isso decorre da incapacidade da economia de ajudar a redefinir riqueza e imaginar a possibilidade de compensar a redução no consumo *per capita* devido ao aumento da população, com a elevação da produção cultural e em outros setores, por seres humanos que nascerão e viverão mais anos, ainda que dispondo, cada um deles, de menos bens materiais.

Essa constatação não pode servir para fazer da economia um instrumento de uma demografia exponencial que busca crescimento ilimitado. Mesmo pressupondo que o principal objetivo do processo civilizatório fosse a ampliação da população humana, seria uma ingenuidade imaginar um processo ilimitado. Mesmo uma opção austera do ponto de vista do consumo material exige recursos crescentes para uma população crescente. Além disso, o avanço cultural depende de uma produção material eficiente.

O problema da população está longe de ser resolvido pela economia. Não pode, por isso, ser visto como assunto de coação na taxa de reprodução nem como assunto financeiro para atender os custos crescentes de uma população que, vivendo mais, pressiona o bem-estar. Esse será um dos principais temas do futuro da ciência econômica, no seu sentido ontológico e teleológico, e do ponto de vista da racionalidade e da ética com as quais ela se relaciona com o ser humano, seus objetivos e suas liberdades pessoais.

4
A INCORPORAÇÃO DO TEMPO

O DESPREZO DADO AO TEMPO

O tempo deveria ser o principal problema da economia. Tudo o mais não passa da transformação, ao longo do tempo, das pedras, das plantas e dos animais nos produtos que os homens usarão ao longo do tempo histórico da sociedade e existencial da vida de cada um deles.

A única preocupação essencial da economia deveria ser a administração do tempo de cada indivíduo para a conquista e o uso do tempo livre.

Apesar disso, o tempo foi relegado no pensamento econômico. Sua consideração ficou restrita ao problema dos juros, pela taxa de preferência temporal dos indivíduos; foi eliminada pelo artifício do curto prazo que o nega, nas considerações neoclássicas; ou levado a uma dimensão apenas filosófica isolada da produção.

No momento em que o processo de transformação ocorria lentamente e o tempo livre era um fenômeno restrito, limitado apenas a alguns homens, a economia podia esconder-se do problema do tempo. A partir da realidade do momento contemporâneo, em que a transformação se dá em escala global e imediata, ameaçando o futuro, e onde crescentes contingentes de população já podem dispor de extenso tempo livre, o problema não pode ser ignorado pela economia. O tempo surge em suas dimensões histórica e existencial.

A ciência econômica enfrenta mais dificuldades para entender o tempo do que as demais áreas do conhecimento. As ciências da natureza, como a filosofia, tratam o tempo em sua dimensão física, sua origem, sua causa, sua essência, bem como a relação cronológica entre as diversas coisas, usando o tempo apenas como uma unidade. As ciências sociais e humanas, como também a história, tratam o tempo como unidade entre as pessoas e as gerações, e de cada pessoa e geração com as coisas e fatos ao seu redor. O tempo é apenas uma unidade que compara coisas sincronizadas com ele, pela natureza ou pela história.

A economia é a área do conhecimento que tem de entender o tempo em seus dois aspectos: o da natureza, pela relação e transformação das coisas, pelo trabalho humano e, na história, pela vida e pelas relações das pessoas e da sociedade; e o da economia, combinando o tempo natural e o tempo histórico em um tempo civilizatório, no qual sociedade e existência se encontram na realização do projeto de humanidade. Na economia, o tempo não é apenas um elemento de medição, é um fator a ser conquistado, na transformação de tempo humano comprometido com a luta pela sobrevivência em tempo escravo da sobrevivência em tempo livre para uso cultural da espécie humana. O homem aparece como o centro transformador do tempo, do seu lado natural, pelo trabalho, em seu lado libertário, pela atividade cultural e espiritual. No primeiro lado, o homem é manipulado pelo tempo que o domina, no segundo, o homem manipula o tempo que usa. No primeiro lado, o homem é prisioneiro das estações do ano; no segundo, o homem usa as estações do ano para as festas feitas possíveis pelo excedente produzido na estação anterior, graças à eficiência econômica.

As velocidades do tempo

Até recentemente, o desprezo ao tempo não gerava problema maior na análise econômica. As mudanças sociais ocorriam em uma velocidade tão baixa que o tempo podia ser desprezado, como se não existisse além do curto prazo marshalliano.

A dinâmica das últimas décadas fez com que o tempo se acelerasse.

No curto prazo, ocorrem mudanças de valores que tornam impossível a busca do equilíbrio. É como se o tempo geológico se acelerasse e os mapas não fossem substituídos. Ou como se os astrônomos elaborassem modelos para períodos mais longos do que o tempo entre o *Big Bang* e o colapso do universo, mas continuassem projetando eclipses da lua com as mesmas bases científicas visadas por Ptolomeu ou Galileu.

A dificuldade em incorporar o valor da natureza na conceituação do valor econômico decorre em grande parte da incapacidade da ciência econômica de trabalhar com o tempo, especialmente o longo prazo. Diferentemente das atividades legais e políticas, em que o tempo pode ser um elemento convencionado em comum entre os agentes das relações sociais, na economia cada agente define o seu tempo, enquanto os economistas tentam formular um tempo único. Por outro lado, diferentemente das ciências físicas, o objeto de estudo da ciência econômica muda com o tempo.

A cada dia os desejos, os padrões tecnológicos e de consumo mudam, fazendo com que os objetivos, as rentabilidades e, portanto, os valores sejam também mutáveis. No entanto, a teoria econômica ignora ou não sabe como levar em conta essas mutações. A realidade é que o **problema econômico** tem evoluído com velocidade maior do que a capacidade que a ciência econômica tem de entendê-lo, formular modelos e intervir. Por causa dessa limitação, o comportamento dos agentes econômicos é visto como permanente, quando na verdade os valores pessoais que definem o comportamento social e econômico são mutáveis ao longo do tempo.

Até recentemente, esse problema não se apresentava, pois os valores evoluíam lentamente, e os impactos das decisões econômicas ficavam restritos a curtos períodos históricos. O curto prazo poderia durar algumas décadas, ou mesmo séculos.

No momento em que os valores passam a mudar rapidamente, as técnicas são capazes de ameaçar o futuro distante, e o curto prazo fica insuficiente. No mundo de hoje, até o século ficou imediato, tão rápidas são as mudanças. A análise dos riscos decorrentes de uma central nuclear, capaz de manter seu impacto negativo por centenas de milhares de anos, não pode se basear no curto prazo. E a economia, por sua vez, não dispõe de instrumentos para pensar além de poucas décadas.

O TEMPO DE CADA HOMEM

Ao mesmo tempo em que é incapaz de combinar o valor do tempo de cada homem com o fluxo do tempo cósmico, a economia não consegue lidar com a função de distribuição intrínseca do tempo de cada homem durante sua vida e com a relação de seu tempo com a civilização em construção.

Em vez de assumir que a disponibilidade de tempo é uma oferta limitada para cada homem, a civilização da economia nos séculos XIX e XX optou por realizar ampliações do tempo de vida, graças às técnicas médicas. No entanto, desprezou as considerações sobre o uso do tempo ganho e, no esforço de ampliá-lo, passou a legitimar seu desperdício no trabalho alienado, no vazio existencial da droga do consumo ou do consumo da droga.

O trabalho passou a ser elemento para conquista de vidas mais longas, que seriam desperdiçadas no esforço de fazê-las mais longas; reduzindo o tempo livre ou aplicando-o no consumo dos bens produzidos no tempo não livre, ficando o tempo sempre prisioneiro da produção, e o homem escravo do ato de produzir ou consumir o que produz, como se a civilização fosse uma imensa farra, na qual todos são escravos do tempo gasto no trabalho, com a finalidade de se embriagar com a ingestão de bens de consumo vendidos pela pressão do mercado e do *marketing*.

O consumo tornou-se a forma de justificar a continuação do trabalho alienado durante o tempo conquistado pela ampliação da esperança de vida e pela redução do tempo diário necessário para produzir os bens necessários à sobrevivência.

Na obra *A desordem do progresso*[41], foi levantada a hipótese de justificar ontologicamente o consumismo com base na ilusão de uma conquista de tempo adicional de vida, graças à apropriação do trabalho gasto por outras pessoas na produção do bem consumido. Ocorreria uma transferência de tempo entre pessoas, pelo trabalho, graças à diferença salarial, da mesmo forma que em Marx ela se fazia pela mais-valia direta na produção. Além da obra anteriormente citada, essa hipótese foi tratada também nos livros *O colapso da modernidade* e *A revolução na esquerda e a invenção do Brasil*[42].

O problema vai exigir o trabalho de muitas décadas por parte de todos os economistas que desejem contribuir para a reorientação e reconstrução de uma nova ciência. Uma reflexão que não poderá ser feita apenas dentro do atual arcabouço da ciência presa ao lado social e prisioneira de sua lógica atual. Será necessário incorporar uma profunda convivência com a física, no entendimento do sentido do tempo; as medicinas, para prever possibilidades de conquista de vidas mais longas; a psicanálise, para entender o significado existencial do tempo humano; a psicologia, a sociologia, a política, para captarem a forma de usar o tempo em sintonia com a essência da condição humana; e mesmo a teologia, para combinar a vida natural com a vida espiritual, em uma nova economia que vá além dos aspectos materiais, inclua todas as formas de transcendência, tanto estéticas quanto religiosas. Tempo, vida, civilização, consumo, trabalho, lazer, arte, orações serão temas a serem estudados conjuntamente, de forma temática, pelos economistas. Além disso, será necessário entender o problema de um mundo cuja injustiça, pela primeira vez na história, cria o risco de ir além da desigualdade, e construir uma diferença entre os seres humanos*.

5
A TEORIA DA EVOLUÇÃO

Até o século XVII, pensadores sociais estavam presos aos arquétipos da sociedade rural, onde o tempo cíclico impedia a visão de evolução social. O conceito de evolução social e econômica só surge claramente no pensamento a partir do século XVIII, com a sociologia histórica, graças a Vicco, Condorcet e Montesquieu (1689-1755). Mesmo as exceções anteriores olhavam o futuro como salto, não como evolução ou possibilidade. *A utopia*, de Thomas Morus (1478-1535), era um sonho em "lugar algum", não uma evolução. A hipótese era geográfica, e não temporal.

---

* Esse assunto foi desenvolvido depois deste memorial-tese nos livros *O que é apartação - o apartheid social brasileiro*, editado pela Editora Paz e Terra em 1994, e *Admirável mundo atual*, editado em 2001 pela Editora Geração, ambas de São Paulo.

Ao lado da crença em uma tendência evolutiva, os pensadores passaram a ver a evolução como tendência à utopia, nas suas diversas formas[43] liberais ou comunistas. As utopias têm estado presentes nos textos da maioria dos pensadores econômicos, em todas as épocas. Excetuando-se Malthus, e um pouco Ricardo, nenhum economista traçou um quadro dramático do futuro da humanidade. Nem mesmo Ricardo, em suas considerações sobre a tendência à redução na taxa de lucros, ainda menos Marx, que previa um futuro melhor graças à decadência do capitalismo decorrente da redução na taxa de lucro. Não se pode, com isso, culpar os economistas, porque nem mesmo os escritores de ficção científica usaram da imaginação para formular possibilidade de sociedades diferentes e negativas. Só muito recentemente os neomalthusianos e os escritores de ficção científica passaram a traçar um quadro pessimista para o futuro.

Marx, o mais otimista de todos os economistas, tirou proveito da própria tendência à redução dos lucros, mostrando que ela levava à sua superação, dialeticamente, graças à revolução socialista. O seu pessimismo vinha do otimismo e o otimismo do pessimismo: o capitalismo ruiria em razão da incapacidade de realizar plenamente o desenvolvimento das forças produtivas e, no lugar, surgiria a sociedade socialista que prescindiria do lucro.

Quando considerada apenas pelo lado econômico, a visão otimista teve a realidade como grande aliada. Ao longo dos últimos 200 anos, a economia mundial e de quase todos os países cresceu de forma praticamente contínua, salvo curtos períodos de crise. A realidade foi tão otimista que não realizou nem as previsões de Ricardo, de queda na taxa de rentabilidade, nem de Marx, de necessidade de mudanças estruturais.

Ao lado da utopia do crescimento, todos os economistas anteviam a utopia social da tendência à igualdade entre os homens – os marxistas, graças à distribuição feita pelo Estado, sob controle dos revolucionários; os neoclássicos, pela tendência natural de os recursos abundantes fluírem. Os economistas tradicionais defendiam que o avanço técnico, aliado ao equilíbrio da correta remuneração dos fatores, seria capaz de distribuir uma crescente produtividade entre toda a população. Os marxistas e desenvolvimentistas, como os cepalinos, defendiam a mesma visão, desde que o Estado cumprisse um papel auxiliar de regular o uso e remuneração dos fatores.

A base desse crescimento foi: de um lado, o avanço técnico, do outro, a capacidade da sociedade se reciclar para corrigir os freios e limites ao crescimento. A visão do avanço técnico unificou todas as opiniões de economistas, de todas as correntes otimistas: marxistas, clássicas ou neoclássicas. O avanço técnico passou a ser visto não só como caminho da tendência à utopia, mas também como indicador dessa tendência. Ao mesmo tempo, a parte socialista dos economistas via as reformas sociais como o caminho adicional para viabilizar a continuação do avanço técnico e a construção do futuro.

As últimas décadas nos permitem suspeitar da falência dessa tendência. O crescimento apresenta limites físicos naturais, e a desigualdade tem aumentado, apresentando limites políticos, o que leva à necessidade de uma revisão da ciência econômica.

O socialismo não foi capaz de provocar um avanço técnico superior ao capitalismo, e sua estrutura social não significou um avanço para a utopia, em função da ineficiência econômica e da perda do básico valor da liberdade individual. O capitalismo, por sua vez, não pôs a formidável máquina de avanço técnico a serviço de projeto utópico. Ao contrário, fez da técnica uma das ameaças ao futuro. Avançando sem controle, até como elemento independente e determinante, a técnica subordinou a racionalidade econômica, os objetivos sociais e os valores éticos, gerando um risco de desastre ecológico e dividindo as sociedades do mundo e das nações em grupos separados, estanques, na forma de *apartheid**.

A realidade, que por mais de 100 anos confirmara o otimismo, passou a desmenti-lo. Por um lado, percebe-se o custo adicional, imprevisto, que recairá sobre as próximas gerações, por causa do desequilíbrio ecológico. Por outro, não se previa, nem se prevê ainda, como será a sociedade em um mundo globalmente integrado sem possibilidade de criar emprego para grandes contingentes da população**.

A economia de *apartheid*

Desde que a teoria econômica passou a gravitar em torno do tema do crescimento, os economistas concordaram que os benefícios do progresso se espalhariam, por força do mercado ou do Estado, por todo o planeta e entre as pessoas. Durante os anos 1950, os economistas entenderam as economias duais como uma etapa que ser necessariamente superada, graças ao avanço técnico e à remuneração livre dos fatores, ou às reformas sociais e à intervenção do Estado.

---

* No texto do memorial-tese, ainda não havia sido usada a palavra *apartação*, criada no livro *O que é apartação – o apartheid social brasileiro*. Na revisão, em 2005, preferi manter como estava em 1991.

** No livro *A cortina de ouro*, publicado pela Editora Paz e Terra em 1994, levantei a hipótese de que a saída da crise da exclusão poderá vir a ser a evolução da apartação social pela exclusão definitiva, induzida por uma mutação biológica que dividirá a espécie humana em dois animais diferentes.

Marx foi iludido por seu humanismo: foi incapaz de enxergar a possibilidade de a economia crescer produzindo mais bens para poucos, em vez de mais compradores para os mesmos produtos renovados a cada ano. A ilusão marxista tem sua razão: até o tempo de Marx, o avanço técnico era um elemento de elevação da produtividade, e não da criação de novos produtos.

Os desenvolvimentistas nos fizeram acreditar que havia uma relação entre crescimento da renda e sua distribuição entre a população. O crescimento da riqueza significava a redução da pobreza. Baseavam-se no passado dos **países com maioria da população de alta renda**, onde o avanço técnico e o crescimento econômico ocorreram com um claro avanço em direção à redução das desigualdades, sobretudo à superação das necessidades básicas de toda a população. Usavam também a visão (marxista ou keynesiana) de que a economia se estagnaria sem uma ampliação da demanda efetiva que só poderia ocorrer com a incorporação crescente de compradores no mercado.

Os desenvolvimentistas latino-americanos foram ofuscados pelo véu ético, que não os deixou ver as possibilidades técnicas e a potencialidade econômica do modelo de concentração da renda. Previam uma falência da economia, caso não houvesse uma distribuição da renda. No lugar da falência, a concentração da renda permitiu uma economia mais dinâmica, um crescimento a níveis milagrosos, como é o caso da economia brasileira a partir de 1964.

Não é tema da economia, mas da psicologia e da justiça, saber se os economistas que arquitetaram a concentração como elemento de dinâmica estavam conscientes da opção técnica e ética que fizeram. Muitos deles diziam ser a favor da distribuição, depois que "se fizesse o bolo" com a concentração. O que não se pode saber é se erraram tecnicamente, ao imaginarem a possibilidade de distribuição *ex-post* do que seria produzido graças à concentração, ou se mentiram, ao dizerem que esperavam distribuir depois. Em ambos os casos, não foram bons economistas, no sentido técnico humanista da palavra: por incompetência, hipocrisia ou falta de humanismo. A distribuição não ocorre porque o modelo econômico importado dos países ricos exige que a produção de bens supérfluos e caros aumente a uma velocidade maior do que seria possível com uma distribuição equitativa da renda. Mesmo levando em conta o aumento da renda global induzido pela produção desses bens supérfluos, se a renda social for bem distribuída, não haverá demanda interna para os bens de valor elevado. Esses bens são apenas para os ricos, ou para ninguém.

Depois de 30 anos de continuadas políticas de crescimento, observa-se que a economia dual evolui com dinamismo para uma economia de *apartheid*, e não para uma economia unificada.

A perda de rentabilidade devida ao mercado restrito, considerada como entrave ao desenvolvimento, pôde ser superada graças a uma maior circulação do consumo, ainda que restrito a um número menor de consumidores[44]. A concentração de renda permite uma dinâmica maior do que a economia distributiva, visto que o avanço técnico traz produtividade crescente para a produção de bens sofisticados e de consumo suntuoso, em relação à produtividade de produção dos bens de consumo de massas. O excedente gerado é maior com a circulação de uma massa monetária concentrada nas mãos de poucos do que com essa mesma massa distribuída nas mãos de muitos. Ao mesmo tempo, o consumo elevado das grandes massas torna-se inviável em função dos limites ecológicos.

A elevação do consumo de somente um país emergente – como China ou Índia, ou mesmo a Indonésia ou o Brasil – provocaria aumento nas exigências de petróleo equivalente a todo o consumo da Europa Ocidental e dos Estados Unidos juntos, o que significaria uma elevação de 60% no consumo mundial. A incorporação dos demais países em desenvolvimento levaria a praticamente outra duplicação, o que torna tal alternativa claramente impraticável.

A forma mais eficiente de manter a atual dinâmica da economia mundial, com os mesmos propósitos, é a concentração dos benefícios e da renda, e a retenção do privilégio do avanço técnico apenas para uma parcela que não supere a razão de 1:4 entre os que consomem e os que não consomem. Não por coincidência, essa proporção é muito próxima da que se manteve historicamente: entre escravos e brancos na Grécia, entre romanos e colonizados, daquela existente entre populações de países ricos e populações de países pobres e, dentro de cada um desses, entre a população da elite consumidora e a maioria da população. Trata-se igualmente da proporção entre brancos e negros na África do Sul.

Para que a dinâmica econômica com o propósito consumista se mantenha, é preciso que a concentração se mantenha, e mesmo que aumente em certos períodos, o que exige regimes autoritários em nível internacional e nacional.

A economia do futuro, para manter a dinâmica das últimas décadas, exigirá uma economia de *apartheid* social em nível internacional e de *apartheids* sociais em cada nação, como ela vem sendo implantada nas últimas décadas. Exige, ao mesmo tempo, uma integração internacional entre as camadas privilegiadas de cada nação, para que formem uma única economia, uma única unidade cultural, ainda que dividida do ponto de vista das instituições políticas*.

Mesmo nos países de maioria rica**, a concentração da renda passou a ser instrumento de política econômica, e provocou a pobreza em grandes contingentes da população, a partir dos anos 1980. Em todos eles, começando pelas políticas de Reagan e de Tatcher, mas passando pelas políticas socialistas na França e na Espanha, a concentração da renda em uma massa de consumidores ávidos induziu uma dinâmica maior do que a permitida pelo *welfare state*. Este atendia às necessidades básicas de maneira abrangente, mas limitava a dinâmica da produção, reduzindo a capacidade de investir e o consumo dos ricos, provocando ainda uma pressão inflacionária, uma vez que educação básica, saúde social e cultura são elementos que exigem gastos públicos e não dinamizam a economia com a rentabilidade de curto prazo.

Nos países da social-democracia, percebe-se uma tendência à fuga da estagnação cômoda, com a retomada do crescimento pela concentração da renda, disfarçada sob o manto do mercado e da política fiscal neoliberal.

As novas classes e a exploração disfarçada

Uma das grandes contribuições da economia ao pensamento universal foi a descoberta das classes e do papel que elas têm na

---

* Esse tema foi desenvolvido nos livros posteriores a 1991 – *A revolução nas prioridades*, 1994, e *A cortina de ouro*, 1995.

** Em *Admirável mundo atual – dicionário pessoal dos horrores e esperanças do mundo global*, esse termo foi substituído por *países com maioria da população de alta renda*; os outros como *países com maioria da população de baixa renda*. Nesse livro, dando continuidade ao *Cortina de ouro*, formulei os conceitos de *primeiro mundo internacional dos ricos*, que congrega os ricos do mundo inteiro no mesmo padrão de consumo global, e de *arquipélago social dos pobres*, composto pelas parcelas pobres de cada país.

dinâmica social. Marx deu uma grande contribuição ao explicar cientificamente os mecanismos da formação da desigualdade social entre os homens. Além de desnudar a realidade da apropriação do trabalho pelos capitalistas, a teoria da luta de classes mostrou como isso influi no processo de evolução da economia e das técnicas, especialmente quanto aos aspectos da distribuição do produto. Lamentavelmente, grande parte dos economistas continua ignorando essa realidade. Mas é igualmente lamentável que outra parte dos economistas tenha mantido essa formulação sem qualquer inovação. Ao longo de mais de um século de constantes mutações na economia e nas relações sociais, insistem em conservar as mesmas categorias sociais, apesar das mutações ocorridas na realidade.

A sociedade capitalista atual não pode ser dividida simplesmente entre proletariado e burguesia, o que na época de Marx já era uma simplificação. Embora a sociologia moderna tenha avançado na reclassificação, os economistas que utilizam os princípios classistas ainda não incorporaram novas divisões sociais nem novas formas de divisão. Não consideram o proletariado enriquecido nem o *apartheid* que une o proletariado mais à burguesia do que aos excluídos.

Da mesma forma, os fluxos de expropriação dentro da sociedade foram modificados, sem que os economistas reformulassem seus modelos. Recentemente, um economista soviético dizia que a economia socialista anterior à *perestroika* havia criado uma nova categoria de exploradores dentro do proletariado, formada por aqueles que não se esforçavam no trabalho, usufruindo, portanto, do trabalho dos demais. No sistema capitalista, isso também ocorre, não apenas pela diferença em número de horas trabalhadas, mas sobretudo pela diferença salarial entre assalariados. No Brasil, dentro do segmento de trabalhadores do setor público, há diferenças salariais de até 60 vezes. Dentro do pequeno segmento de professores das universidades federais, a diferença chega a 6 vezes, diferença maior do que entre os salários de grandes executivos e de trabalhadores em alguns países capitalistas. Entre professores universitários e professores do ensino fundamental, a diferença na média é de 10 vezes.

Os ricos e quase-ricos, tanto nos países ricos quanto nos pobres, independentemente de serem assalariados ou capitalistas, utilizam mecanismos de preços, subsídios, incentivos, por meio do aparelho do Estado, para se apropriarem de uma parte importante do produto nacional. Graças à desigualdade salarial, ocorre um fluxo de transferência de renda, em direção a essa classe média de altos salários.

No entanto, os economistas marxistas e as demais linhas progressistas se negam a observar que, graças a essa exploração entre trabalhadores, é possível dinamizar a economia onde a inovação se dá ao nível de novos e sofisticados produtos de consumo para as classes beneficiadas pela concentração de renda, como também é possível calar os teóricos, inclusive economistas, que compõem essa nova classe de assalariados consumidores.

A falta de uma nova conceituação de classe e de exploração impede o conhecimento das modernas economias e a definição de caminhos reais de mutação dessas economias e sociedades. Sua conceituação é, por isso, um dos grandes desafios para os próximos anos e as próximas décadas.

Um novo campo de estudos consiste na análise da apropriação da renda e do produto nacional, e não na tradicional análise da apropriação da propriedade pelo capital, dos meios de produção, pela poupança. Ao satanizar a poupança e endeusar o consumo, em uma sociedade onde os ricos têm 150 vezes mais renda do que os pobres, a esquerda se transformou na defensora de uma aristocracia exibicionista, suntuosa, desperdiçadora e depredadora, apenas porque parte dessa aristocracia é composta por assalariados com altos salários. Da mesma forma, o papel do Estado não pode ser visto como instrumento da propriedade do capital. O Estado hoje está a serviço de uma elite que incorpora o setor empresarial superior, e também a tecnoburocracia e os assalariados sindicalizados, excluindo as grandes massas[45]*.

A concentração entre gerações

Além da clara tendência à concentração de renda e de privilégios entre as classes no presente, como forma de dinamizar a economia, os limites ao crescimento apresentam o risco de concentrarem os benefícios da economia e do bem-estar para as presentes gerações.

Até muito recentemente, graças ao otimismo generalizado, havia certeza de que as próximas gerações seriam privilegiadas em relação às anteriores. Hoje, há um sentimento generalizado de que é possível ocorrer o contrário. Nada garante que o avanço técnico será capaz de substituir os recursos naturais que venham a se esgotar. Mas a realidade mostra que, do ponto de vista econômico, os jovens de hoje têm um futuro menos promissor do que tiveram seus pais. Só os economistas não perceberam uma clara mudança na história da evolução: a próxima será a primeira geração que não terá um mundo mais rico e mais fácil do que seus pais tiveram, ainda que este possa ser um mundo sem o medo

---

*   É mais recente, sobretudo durante a campanha presidencial de 2006, que acrescentei o tema de que a apropriação de renda se dá em benefício de quem tem conhecimento, educação, qualificação, contra os que não têm. Em vez da mais-valia, tem-se o "mais--conhecimento". E a ideia de que a nova forma de emancipar está na revolução da educação: uma revolução doce.

de uma hecatombe nuclear. Na medida em que esse risco tenha ficado mais remoto, toma seu lugar um receio da depredação ecológica, do desemprego, do endividamento, da crise ética pela desigualdade, da violência.

Desde os anos 1970, mesmo diminuído o impacto dos choques do petróleo e das previsões ecológicas, a maior parte dos pensadores ainda exibiam algum pessimismo, embora a maior parte dos economistas tenham se voltado para o otimismo, influenciados pela desestabilização do socialismo e em função do crescimento capitalista recente.

Além do crescimento

Nas próximas décadas, poucos temas deverão merecer mais preocupação dos economistas do que a formulação de uma teoria de desenvolvimento autossustentado que vá além da tradicional teoria do crescimento. Apesar disso, uma análise das disciplinas de Desenvolvimento Econômico nas universidades brasileiras mostra um conservadorismo teórico que chega às raias da ignorância do dia a dia na sociedade, do Brasil e do mundo.

Na Universidade de Brasília, o problema vem sendo analisado nos cursos formais[46] que, há dez anos, já incluem o problema dos limites ao crescimento em textos de discussão sobre o assunto, além de propostas diversas, como um tribunal para julgar os crimes do desenvolvimento[47] e a criação do doutorado em Economia Ecológica[48].

Além da igualdade

O sonho de igualdade do século passado decorria de uma realidade econômica que produzia basicamente os bens essenciais à sobrevivência. Nas últimas décadas, o sistema econômico tem ampliado consideravelmente a produção de bens supérfluos em proporção aos bens essenciais à sobrevivência[49].

Mesmo que seja impossível uma definição neutra de bens básicos para a sobrevivência, é possível saber que o esforço produtivo se destina cada vez mais aos produtos que caracterizam um consumo supérfluo. Nesse sentido, a busca da igualdade absoluta fica sem sentido. Não existe razão ética que justifique a ânsia pela igualdade no consumo dos bens supérfluos, além das necessidades essenciais em um mundo moderno: educação, saúde, justiça e segurança, endereço limpo, alimentação e transporte urbano.

A igualdade no futuro não será mais a igualdade plena dos utopistas do século passado, mas a igualdade básica do acesso aos bens e serviços essenciais. A igualdade básica será aquela que assegure a igualdade de oportunidades e permita a cada um se destacar graças ao talento e à persistência pessoal; e assegure o essencial àqueles que não se destaquem minimamente.

6
O PODER DE REGULAR

A INEFICIÊNCIA TÉCNICA

A ciência econômica tem estado dividida entre dois grupos, que acreditam que o processo econômico é equilibrado e sujeito à regulação: aqueles que acreditam na regulação perfeita e voluntária pelo mercado livre e aqueles que acreditam na regulação perfeita e automática pelo planejamento estatal. A realidade tem servido para mostrar que ambos estão equivocados.

O caos da economia de mercado – na qual milhões de agentes estão em constante jogo de perda e ganho – e as periódicas graves crises globais mostram que há um equívoco na crença do mercado como elemento de regulação inteligente. Se as leis de mercado levaram a uma tendência de crescimento no longo prazo, esse crescimento ocorre com recessões, sofrimentos, desigualdades crescentes, desvios de recursos, perdas econômicas, ineficiências intrínsecas e permanentes. Enquanto cada setor ou unidade de produção gerava pequenas perdas e tinha um pequeno poder de desestabilizar a economia, o mercado era capaz de compensar os vazamentos decorrentes das ineficiências localizadas. Com o avanço técnico e o crescimento do poder de cada agente, o livre jogo apresenta riscos de desequilíbrios catastróficos e de efeitos irreversíveis.

Todo sistema educacional pode ser ameaçado pelo uso de uma grande cadeia de televisão. Uma indústria pode destruir o trabalho de décadas de luta contra a poluição. Mas o Estado não é capaz de evitar o caos, e pode agravá-lo pela dimensão dos erros e dificuldades de correção de rumos.

O planejamento central não foi capaz de apresentar uma alternativa superior. De imediato, mostrou seu lado frágil do ponto de vista metodológico, ao tentar regular agentes com vontades próprias, ao universalizar os valores de cada indivíduo como se fossem valores comuns a todos eles. Fracassou também por razões instrumentais, pois foi incapaz de regular com eficiência os agentes econômicos, de forma a atingir os objetivos definidos com base nos valores sociais optados. Finalmente, ainda que do ponto de vista metodológico e instrumental, tivesse sido capaz de regular a economia, a visão do planejamento central exigiria necessariamente um autoritarismo que nega a própria razão de ser da economia, em seu sentido libertário: o de vetor da liberdade mais primitiva – das necessidades básicas, do tempo gasto para a sobrevivência.

Em vez de fazerem avançar o conhecimento da dominação do processo econômico, levando em conta objetivos libertadores e a variedade e variabilidade de desejos e motivações individuais, os economistas têm se limitado a fazer avançar o microconhecimento das leis do mercado, sem nelas intervir, ou do planejamento, que intervém de forma arbitrária e ineficiente.

O economista do futuro precisa levar sua preocupação além dessas escolas – mercado, planejamento –, e procurar uma visão na qual esteja em jogo a análise da psicologia humana em suas relações com a natureza, com o trabalho e com o consumo, suas motivações globais, desde incentivos desejados até desejos a serem realizados, e sua consciência global com o resto da sociedade e da humanidade.

Um tema básico e de difícil conceituação será levar em conta a troca entre liberdade e eficiência, entre eficiência e justiça social.

Os recentes movimentos no Leste Europeu em defesa da regulação pelo mercado buscam mais eficiência, mas precisam também buscar reduzir o grau de desigualdade na distribuição da renda, e que decorrem da reversão no grau de igualdade anterior entre indivíduos, classes e categorias. Sacrificar a liberdade em defesa da justiça social pode levar a um suicídio da própria justiça social, que perderia seu sentido maior. Por outro lado, imaginar que o mercado quebrará a desigualdade pode levar à falência ética do mundo ocidental, em função do crescimento das injustiças.

O economista dos próximos anos já sabe que não conseguirá uma engenharia social com planejamento, e que não deseja um planejamento que negue a liberdade, mas não consegue imaginar um planejamento compatível com a liberdade. Ainda menos pode se satisfazer com o mercado livre, que tem dado provas de incompetência generalizada no manejo dos recursos e das expectativas sociais, especialmente no longo prazo. Em condições ideais, o mercado livre não passa de uma abstração tão ridícula quanto uma engenharia criada para um mundo onde a força da gravidade é manipulada por uma máfia legal. Ainda mais em um mundo organizado e manipulado por monopólios, redes de interesses que se combinam ou disputam, com bancos e agentes de bolsas de valores passando por cima das fronteiras e dos fusos horários; traficantes agindo por cima das decisões policiais e judiciais; complexos industriais desconsiderando as consequências ecológicas de suas decisões; comunidades econômicas e mercados organizados, economias subterrâneas espalhadas por todos os países manejando bilhões de dólares.

O que surpreende o economista atento é o fato de os agentes terem ficado incontroláveis quando os instrumentos e os sistemas globais de telecomunicações e de processamento de dados criaram as condições para a implantação de formas eficientes de planejamento, caso o homem fosse um animal previsível, como imaginam as regras básicas do egoísmo hedonista.

Os movimentos dos últimos anos indicam que o homem é menos administrável, que a engenharia social é menos possível e que a complexidade dos agentes e sistemas deu um salto ainda maior do que o refinamento dos instrumentos de análise. Os economistas do futuro terão de compreender a impossibilidade de usar na ciência econômica o mesmo conceito de eficiência utilizado nas ciências físicas, que estudam objetos que não mudam no longo prazo, enquanto os agentes econômicos apresentam voluntarismo no curto prazo. Nem mesmo o desenvolvimento das teorias do caos apresenta uma ordem capaz de regular totalmente a economia. Ela será uma ciência que estuda e convive com a imprevisibilidade. Seu papel é preocupar-se menos com a eficiência e o equilíbrio do que com a redução dos erros e os desequilíbrios, e mais com a ética que define os objetivos da sociedade do que com a técnica que constrói essa organização. Além de conviver, precisa se comover.

Um dos exemplos da impossibilidade de regular a economia está no fracasso da ciência econômica em construir uma igualdade entre os homens.

Foi possivelmente a ideia, a promessa e a tentativa de abolir o mercado para os bens supérfluos, em nome da igualdade, que levou ao fracasso ético do estado soviético. A igualdade do acesso a bens característicos de uma minoria fez com que o partido escolhesse os beneficiários, criando privilegiados tão exclusivos quanto os ricos do mercado, apenas por outros meios.

O futuro talvez esteja em uma regulação pública e do Estado dentro dos limites possíveis na regulação de longo prazo para a produção e a distribuição dos bens em geral, básicos, e uma intervenção no mercado para influir na produção e na demanda dos bens essenciais, com a total liberação no curto prazo do mercado para os bens considerados supérfluos. O desafio, além da definição da linha que separaria em cada época os bens supérfluos dos essenciais, estaria em como submeter esses dois setores de bens a diferentes instrumentos reguladores[50].

A indução ao crescimento

Uma das mais fortes crenças na regulação econômica residiu no prestígio das técnicas de indução ao crescimento econômico nos países em desenvolvimento.

A partir dos anos 1950, uma extensa lista bibliográfica espalhou-se pelo mundo, definindo estratégias e técnicas de planejamento ou indução visando o desenvolvimento. O resultado é ao mesmo tempo êxito e fracasso. Êxito porque foi possível conseguir elevadas taxas de crescimento, mas fracasso porque esse crescimento não aproximou a economia dos resultados utópicos desejados. Em muitos casos, piorou o quadro social, e em todos agravou a crise ecológica. Os países ficaram mais desiguais, mais vulneráveis, com cidades menos habitáveis, mais violentas.

Um dos pontos-chave do problema da regulação, no que se refere à indução ao crescimento, está em descobrir a impossibilidade de repetir modelos de crescimento em regiões com realidades natural, social e cultural distintas, e níveis econômicos diferentes.

No futuro, toda técnica de desenvolvimento deverá incluir uma definição de objetivos a partir da realidade e definir o uso de técnicas compatíveis com a realidade local.

7
A aceitação da incerteza

A ciência incerta

O mais importante livro da história do pensamento econômico já nasceu atrasado em relação à realidade que estudava e descrevia. O livro *A riqueza das nações* foi publicado em março de 1776, com referências de Adam Smith a "nossas colônias norte-americanas...".[VII.2] Três meses depois, as colônias já estavam independentes e o mundo começava a ser outro. O livro já nasceu com referências ultrapassadas[51].

Embora uma preocupação permanente no pensamento, a expectativa da certeza científica possível só se consolida na mesma época em que surge a busca da riqueza material na história do processo produtivo. A ciência e a teoria econômicas, no sentido moderno, nasceram junto com a Renascença, com as cidades e com o mercantilismo: formando a Modernidade no nível do real e das ideias.

O percurso da economia real mostra uma sistemática e rápida evolução da construção da riqueza a partir do século XVI. De forma diferente, apesar do enorme avanço em seus instrumentos de análise, a ciência econômica não apresenta um acúmulo coerente de certeza na busca de ampliar o conhecimento do processo econômico.

Embora a modernidade do pensamento tenha surgido com a tolerância, o ceticismo e o experimentalismo dos pensadores do Renascimento, os séculos seguintes conduziram o ceticismo como método a uma clara preferência pela certeza como objeto do conhecimento, com Hobbes, Leibniz, Newton. A crença dogmática da metafísica medieval foi sucedida pela crença, também dogmática, na certeza da ciência experimental. Foi dessa segunda crença que nasceu a ciência econômica. Como a física, essa área do conhecimento buscava explicar o movimento dos elementos na transformação da natureza em bens e serviços, na distribuição e no consumo desses bens. Como a física, ela acreditou explicar o funcionamento do mundo com graus crescentes de certeza.

Apesar de ter convivido com discordâncias teóricas mais visíveis e duradouras do que aquelas da física, a ciência econômica manteve a mesma atração pela certeza. Apenas dividindo os cientistas em blocos diferentes de certezas, a ciência econômica conviveu com interpretações diferentes, mas sem tolerar incertezas. De um lado ou de outro, cada economista e cada grupo era dono da verdade de sua escola. De uma verdade provisória, mas em busca de realizar a plenitude: explicar completamente o objeto de seu estudo.

De um lado, os neoclássicos e, de outro, os marxistas, para simplificar o espectro de escolas, cada grupo tem procurado se afirmar como elaborador e cultivador de modelos crescentemente mais próximos de explicar a realidade por meio da certeza. Mesmo a incerteza, do ponto de vista da teoria dos jogos, foi incorporada, como forma de eliminar as incertezas, por meio da análise de amostragens representativas.

O avanço do uso da matemática na econometria, tentando seguir os mesmos padrões epistemológicos da física, ampliou nos economistas o sentimento de estarem cada vez mais próximos da certeza. Os últimos anos permitem observar o equívoco dessa crença.

Nada indica que a ciência econômica esteja se aproximando de um grau maior de certeza em seus modelos da realidade. Todo o processo experimental tem servido de frustração na checagem dos modelos diante da realidade que a teoria busca representar. A busca da certeza se transformou, na ciência econômica, em busca de refinamento dos modelos, não necessariamente no aperfeiçoamento da capacidade de representar a realidade. O processo econômico tem se recusado a se submeter à realidade, em uma constante rebeldia contra os modelos. Incapaz de captar em seus modelos a complexidade da realidade, preferiu simplificar a realidade para subordiná-la aos frágeis modelos elaborados pela ciência. Não se trata de incompetência dos economistas para aperfeiçoarem seus instrumentos analíticos, mas sim da incrível capacidade de mutação da realidade, como ocorre com a procura de uma vacina cujo vírus sofre permanente e rápida mutação.

Essa constatação, que vai da teoria dos preços à teoria do crescimento e dos ciclos, tem sua própria lógica, que serve para confirmar a impossibilidade da ciência de captar toda a dimensão do processo econômico.

A incerteza na economia tem estado presente nos estudos metodológicos de muitos economistas e filósofos. Primeiro, porque ela reflete um conjunto de elementos que reagem de forma tão livre de padrões que é impossível para a ciência captar suas intenções e tendências, ainda que a teoria dos jogos possa ser utilizada. Segundo, porque esses agentes estão divididos não só em indivíduos, mas também em grupos nacionais e culturais, com valores específicos, objetivos especiais e em constantes mudanças. A ciência econômica não poderia apresentar um modelo único, como a física parece apresentar para o universo macroscópico e tenta fazer para todo o universo. Em terceiro lugar, porque a realidade econômica tem tido uma dinâmica mais rápida do que os modelos que a representam, tornando impossível um processo experimental acumulativo. Em quarto lugar, porque, apesar de todo avanço científico, a economia depende do avanço técnico pouco previsível e da natureza pouco respeitada. Uma inesperada invenção ou uma estiagem surpreendente joga por terra todas as projeções existentes.

Diante dessa complexidade, torna-se irrisória a crença na certeza, imitada dos físicos por muitos economistas. Mais ainda, essa crença impede que a ciência econômica avance como se deseja. A busca do entendimento de uma realidade até certo ponto mágica não pode ter o mesmo padrão epistemológico do funcionamento das ciências da natureza. A ciência econômica exige uma aceitação do imprevisível de cada momento histórico, da enorme incerteza com a qual suas variáveis reagem diante de elementos novos que surgem a cada dia, de maneira endógena e exógena.

Infelizmente, isso ainda não acontece: uma parte do pensamento econômico trabalha com a ideia de probabilidade, não de incerteza no seu sentido filosófico nem no sentido físico-quântico da influência do observador no funcionamento do objeto estudado; outra simplesmente inverte a relação da ciência com o objeto, acredita na primazia dos modelos científicos sobre a realidade que eles tentam explicar.

Estudando um objeto obviamente caótico, se não estivesse presa à epistemologia das ciências naturais, a economia poderia ter se adiantado, formulando um tipo diferente de ciência intrinsecamente incerta, que poderia ter influenciado as ciências da natureza. Mas, enquanto os físicos trabalham com a incerteza como princípio, os economistas continuam imaginando que é apenas questão de probabilidade e desconhecimento da globalidade dos fenômenos, e não de imprevisibilidade intrínseca a eles.

Ignoram que a função **probabilidade** só é conectada à realidade se, como diz Heisenberg em seu livro *Física e filosofia*, for possível medir as propriedades do objeto. A física usa a probabilidade a partir da observação das alternativas possíveis, no que Einstein renegou com a ideia de que "Deus não joga dados". E nisso ele foi desmentido pelos avanços posteriores da física quântica. Se a física já aceita que Deus jogue dados, a economia deve trabalhar com a possibilidade de que seus dados não são cubos com seis conjuntos de pontos, e sim poliedros com um número infinito e aleatório de lados, cada um com um variado número de pontos, jogados por um número quase infinito de jogadores, o que torna impossível o cálculo de probabilidade. Enquanto os físicos já aceitam a modéstia diante da imprevisibilidade de sua ciência, os economistas, arrogantemente, acreditam na certeza de seus conhecimentos.

No fundo, o pensamento econômico tradicional tem invertido o problema: como reduzir a incerteza, em vez de como definir o marco científico de uma área do conhecimento que trabalha com uma realidade imprevisível, portanto incerta. E, o que é mais grave, com uma velocidade acelerada de "caotização".

A incerteza não é consequência do desconhecimento por parte da teoria, mas do caos intrínseco ao objeto estudado. É uma pena que os economistas só começam a descobrir o caos depois que os físicos já descobriram a incerteza com a teoria quântica. A aceitação dessa concepção e sua transformação em elemento positivo, do ponto de vista científico, é um desafio às novas gerações de economistas, considerando o problema da incerteza, e a formulação de alternativas de pensar e modelar teoricamente a realidade.

Se a física e as demais ciências do mundo das pedras, plantas e animais já aceitam trabalhar em um mundo caótico, muito mais será preciso para a ciência que trabalha na "lógica" com a qual essas pedras, plantas e animais se transformam nos homens e seus produtos.

Paralelamente, enquanto os engenheiros usam elevados coeficientes de segurança para compensar a incerteza de seus cálculos e das especificações de material, os economistas, como engenheiros sociais, acreditam que as leis do mercado e o poder de substituição são capazes de compensar os erros.

O que está em jogo no momento não são mais erros de cálculos ou aproximações probabilísticas, mas a incerteza global diante da imprevisibilidade na vontade dos consumidores, na criatividade dos investidores e na articulação dos homens de negócios, além dos riscos de catástrofes sobre a humanidade, causadas pela depredação do meio ambiente e pela concentração de benefícios do processo produtivo e distributivo.

O problema da incerteza na economia não deriva de modelos que tangenciam a realidade com uma certa probabilidade de tocar na superfície; na economia, a incerteza decorre da incomunicabilidade entre a linguagem técnica dos modelos científicos e a realidade mutante do objeto de estudo. O problema não é exclusivo da economia. Mas os economistas, com uma arrogância epistemológica de recém-iniciados nos mistérios do desconhecido, julgam-se superiores aos demais cientistas.

É possível perceber entre economistas o medo do fracasso pessoal diante dos erros de análises e perspectivas. Mas raramente se observa, no humor do economista, o medo das consequências que políticas equivocadas possam gerar sobre a sociedade, os indivíduos e o meio ambiente. A frieza do médico diante da tragédia clínica ou do fracasso do tratamento carrega muito mais sentimento do que um economista diante da tragédia social decorrente de suas receitas. O economista precisa descobrir o seu sentimento, que os médicos têm com os seus clientes.

A BRECHA EPISTEMOLÓGICA

Quando se observa a velocidade com que a realidade econômica e o pensamento econômico evoluem, não é absurdo imaginar que Aristóteles dispunha de um instrumental teórico mais capaz de explicar a realidade da economia simples do seu tempo do que um economista moderno dispõe de modelos para descrever a complexa economia contemporânea. Apesar de saltos teóricos permitirem, de tempos em tempos, um melhor entendimento da realidade, o mundo real da economia evolui imediatamente e amplia a brecha epistemológica, que existe e tende a crescer, entre a teoria e a realidade.

Nessas condições, a ideia de certeza, mesmo que probabilística, é uma ilusão tão idealista quanto a ideia do equilíbrio de concorrência perfeita.

A ciência econômica terá de aceitar a característica de uma crescente distância entre suas hipóteses e a realidade que tenta explicar, ou então precisará assumir que é um tipo de conhecimento capaz de medir, modelar, mas com uma extensa margem não apenas para incertezas, mas também para a mágica de um movimento coreográfico chamado *produção e distribuição*, no qual os agentes se movem cada qual com uma música própria, que muda no tempo, sem respeitar uma partitura previamente definida.

8
A REVOLUÇÃO NA LINGUAGEM

Para avançar, cada ciência cria sua linguagem. Para os biólogos, Sidney Brenner[VII.3] diz:

> *Penso que nos próximos 25 anos vamos ter que ensinar aos biólogos uma outra linguagem. Ainda não sei como ela se chama, ninguém sabe. Mas o que se almeja, penso eu, é resolver o problema fundamental da teoria de sistemas elaborados. E aí nos deparamos com um grave problema de níveis: talvez seja um erro acreditar*

que toda a lógica esteja no nível molecular. Talvez seja preciso ir além dos mecanismos de relógio.

A economia também precisa fazer o mesmo, tanto na matemática quanto nas palavras.

Quando um economista fala em *custo selvagem*, *crescimento*, *atraso*, *demanda*, *desenvolvimento*, *riqueza*, ou outra de suas palavras, está usando conceitos que não dizem respeito à realidade. Cada palavra do pensamento econômico nasceu distante e se afastou ainda mais da realidade do mundo físico e social, ficando presa ao mundo das teorias e conceitos puros, uma realidade ilusória apenas para uso da ciência. Mas os economistas acreditaram nelas e, dessa forma, o pensamento econômico foi aprisionado pela linguagem.

A nova linguagem econômica deverá ser primeiramente ética, depois sistêmica e finalmente matemática, quando possível.

A LINGUAGEM ÉTICA

A história do pensamento mostra que a primeira linguagem econômica foi baseada na ética explicativa a partir de mitos. Durante séculos, anos, a linguagem nitidamente ética freou o avanço da ciência econômica, por não ser neutra. Posteriormente, ela foi sistêmica, para depois ser quantificada, tentando não ser ética. Saltamos do **preço justo** para o **preço de equilíbrio**, aparentemente eliminando a ética. Agora, outra vez, em um mundo em ruptura, a linguagem falsamente neutra freia o avanço, ao assumir-se verdade, quando de fato é uma **ética legitimadora** de um tipo de realidade e da própria linguagem que usa.

Para se liberar do modelo atual, a ciência precisará de uma nova ética, dessa vez, reguladora, elaborada em função de objetivos aos quais a sociedade se propõe. Como toda nova ética, vai precisar criar suas próprias palavras.

A DESCOBERTA DO REAL

A palavra *necessidade* entra em todas as definições tradicionais da ciência econômica. Entretanto, como conceito, ela não consta em nenhuma das formulações teóricas da economia capitalista, pois os economistas preferem utilizar o conceito de **demanda**, por insensibilidade em relação à necessidade em si e por simplismo. Uma vez que não podem quantificar necessidade, e sim demanda, preferem deformar a realidade para que ela se ajuste a um modelo abstrato, mas acreditam e passam a ideia de que falam da realidade.

O mundo moderno, em escala mundial e cada país, especialmente nos emergentes, exige que economistas usem o conceito de necessidade como parte do arcabouço teórico de sua ciência. Em um país como o Brasil, onde quase 100 por 1000 recém-nascidos chegam a morrer por desnutrição em algumas regiões, não pode merecer respeito a ciência econômica que mede demanda por leite em função apenas da parcela do mercado cuja renda permite comprar o produto.

Em uma economia na qual o equilíbrio incluísse a distribuição justa do produto, por meio da renda social, o conceito de demanda deveria se identificar com o de necessidade, agregando-lhe as especificidades da idiossincrasia de cada consumidor. No entanto, nas economias reais, na qual uma parcela da população tem acesso a todo tipo e nível de consumo, enquanto outra não sai da marginalidade do consumo para a sobrevivência, confundir **demanda** com **necessidade** é fruto de total ignorância conceitual e de desprezo ao humanismo.

Uma nova ciência econômica deve ser capaz de utilizar o conceito de demanda vinculado à realidade do mercado, mas não pode deixar de incorporar também o conceito de necessidade no mundo real.

Isso exige uma revolução linguística, sem a qual a economia não mudará. Um dos trabalhos do futuro será escrever um dicionário desmistificador que reescreva os conceitos de palavras do vocabulário econômico. Não se trata de cair na ilusão da neutralidade dos lexicógrafos, mas de comprometer as definições com uma ética que procure se aproximar de valores essenciais da humanidade. Tantas palavras diferentes para indicar uma mesma realidade mostram o fracasso da linguagem econômica*.

O tema se justifica ainda mais nos países em desenvolvimento. Nesses países, a descrição da realidade, feita com uma linguagem única, elaborada para realidades físicas e culturais distintas e para desejos diferentes, provocou a impossibilidade do entendimento do real. Ao tentar eliminar as tensões do entendimento, prisioneiros da linguagem importada, os economistas não apenas se equivocaram como também tentavam ajustar o mundo real à linguagem deles.

Além de formular uma nova linguagem, os economistas deverão estudar a realidade fabricada neles e os termos que surgem junto com essa realidade – e que passam a adquirir uma dimensão de realidade internacional, quando nem refletem a realidade,

---

* No livro *Admirável mundo atual – dicionário pessoal dos horrores e esperanças do mundo global*, em vez dessas palavras, utilizei a expressão *países com maioria da população de baixa renda* para defini-los. Publicado quase dez anos após este memorial-tese, esse livro tenta elaborar a exegese do significado de termos econômicos contemporâneos, redefinindo alguns e criando outros que definam conceitos ainda em formação.

nem ela é internacional – uma vez que representam fenômenos diferentes conforme o país a que se refere.

Cada palavra nasce em um país e em um idioma, e se espalha pelo mundo, mas nem sempre com o mesmo significado. O conceito de *apartheid* nasceu no idioma africâner, na África do Sul. *Apartação* nasceu em português, no Brasil*.

O USO DA MATEMÁTICA

O uso da linguagem matemática representou um dos maiores avanços na ciência. Seria natural que a possibilidade desse uso passasse a ser, a partir do século XVII, o símbolo do nível de avanço de cada ciência. Aquelas que eram capazes de formular com ajuda da matemática se tornaram ciências hierarquicamente superiores às demais, ainda presas à linguagem vernácula corrente.

Neste contexto de identidade entre **cientificidade** e **matematização**, seria natural que as novas ciências da sociedade desejassem, desde o início, caminhar para o uso crescente da matemática como linguagem. É fruto disso a afirmação de **Hobbes** de que desejava ser o **Newton** das ciências morais, criando uma tendência que se generalizou desde então.

Durante todo o período da história do pensamento econômico moderno, nota-se a correta busca de bases estatísticas e de instrumentais matemáticos, visando construir o arcabouço científico desta área do conhecimento. A partir de 1950, percebe-se que essa busca da matematização seguiu uma distorção: em vez de

---

* Três anos depois deste memorial-tese ter sido escrito e defendido, uma expressão brasileira se espalhou internacionalmente: *Bolsa-Escola*. Hoje, o consagrado termo é usado em português mesmo em textos em outros idiomas, como se pode ver em relatórios internacionais e livros como os de Bill Clinton e George Soros.

agregar acuidade no conhecimento, sacrificou a realidade aos modelos matemáticos disponíveis, desvirtuando a expectativa científica da economia. Para muitos economistas processou-se uma subversão epistemológica.

Em vez de usarem a matemática para expor com mais perfeição o objeto de estudos e formular previsões, muitos economistas passaram a deformar a realidade, para submeter seu objeto de estudos ao arcabouço da lógica matemática e aos limites da matemática. A deformação a partir da grosseira simplificação das premissas, como forma de permitir o uso da matemática, deu-se no uso de dados numéricos, de estatísticas mal formuladas, incompletas e referentes a universos diferentes, transpostas para o objeto em estudo. Em vez de servir para expor a realidade, serviu para escapar da realidade.

Com as premissas simplificadas e os números pouco confiáveis, a economia tem querido, nos últimos anos, dar um passo adiante, usando a matemática não apenas como linguagem, mas também como método, similarmente à moderna física teórica. Os economistas esquecem que a física usa a matemática como método de pensar, no tratamento de objetos que eles não captam ao nível das observações do real. Assim descobrem e descrevem matematicamente os fenômenos, antes de percebê-los e mesmo de ter explicações para eles, na linguagem e na lógica vernácula. Levado à economia, esse mesmo método se transforma em uma caricatura. O economista desenvolve funções com base em premissas irreais para explicar um mundo real e chega a hipóteses inexplicáveis de fenômenos irreais, quando toda a economia se dá diante de nossos olhos.

Como consequência, milhares de jovens economistas são levados a uma concepção equivocada da realidade econômica e da função que cada um deles deve ter no entendimento e transformação da realidade econômica. Distanciam-se da realidade, caem na esquizofrenia de um mundo inexistente, desperdiçam toda a rica energia intelectual que dispõem, em um trabalho sem sentido.

Esse comportamento absurdo do ponto de vista lógico da ciência é explicado em parte pelo complexo de inferioridade da maior parte dos cientistas sociais, diante dos colegas das áreas físicas. Para suplantá-los, em vez de se aproximarem do conhecimento do real, com uma linguagem própria, têm buscado o incremento no uso da matemática, mesmo afastando-se da realidade. Com isso, querem saltar uma etapa que a física levou séculos para superar. Esquecem que essa demora ocorreu por causa da necessidade de acúmulo de dados e de testes. Uma parte considerável do problema econômico, por sua instabilidade, provavelmente não é passiva de matematização perfeita com os algoritmos conhecidos, desenvolvidos para o mundo físico, mas imperfeitos para o mundo social. Nesse sentido, a aceitação da matemática como linguagem absoluta na ciência econômica termina sendo a legitimação do erro, em vez do avanço na certeza.

Por outro lado, boa parte dos economistas que insistem no método e na linguagem da matemática como instrumento capaz de esgotar o conhecimento do real o faz em função da simplificação que esses instrumentos representam ao esforço de pensar. É atribuída a Joan Robinson (1903-1983) a frase "felizmente, por não saber matemática, sou obrigada a pensar". De fato, o uso da linguagem matemática permite um tratamento que independe do pensamento, além das simples regras da sintaxe matemática. Ao tratarem suas formulações matemáticas sem preocupação com o objeto real, os economistas se comportam como quem sabe falar um idioma, com todas as suas regras gramaticais e vocabulário, mas não entende o que diz, como um marciano que tivesse aprendido português sem jamais ter visto qualquer objeto terrestre, e com esse idioma tão bem conhecido precisasse descrever um desfile de escola de samba, ou o funcionamento de uma fábrica. Ele poderia usar o idioma com perfeição, ignorando a realidade, ou tentar entender novamente o real, mesmo que para isso tivesse de deixar de lado o idioma e falar no seu próprio.

Excetuando um pequeno grupo de brilhantes economistas que dispõem de forte base filosófica, a matematização tem gerado um grupo de conhecedores de matemática entre economistas medíocres, do ponto de vista do objetivo a que deve se propor qualquer ciência: conhecer o real do seu objeto de estudos. Se fosse possível fazer uma avaliação benefício-custo do esforço e dos resultados da aplicação da matemática para explicar a economia, provavelmente seria determinada uma irrisória taxa interna de retorno: o produto sendo o acréscimo do conhecimento que aproximam **previsões e ocorrido, ocorrido e desejado**, e o insumo sendo a soma da energia intelectual e seu custo de oportunidade, gasta na formulação e aplicação de modelos matemáticos.

Apesar de toda a insistência em acreditar na matematização, dificilmente o economista se submeteria a um médico que lhe fizesse um diagnóstico e receitasse tratamento com base no conhecimento de modelos matemáticos de seu corpo. Isso não quer dizer que a medicina esteja mais atrasada do que a economia no conhecimento do real. Apenas que ela usa outra linguagem, que não a matemática. Os economistas – pela distância com que suas decisões se manifestam no tempo, pela leviandade que as teorias lhes permitem e pela diluição dos efeitos e das responsabilidades – não têm sofrido uma exigência de comportamento ético e se dão ao direito da leviandade de afirmarem e utilizarem teorias e modelos não comprovados. Além disso, ninguém esquece o erro de um médico, e todos esquecem os erros dos economistas. Poucos meses depois de deixarem seus postos no governo, onde tomaram decisões que não corrigiram problemas ou até criaram novos, os economistas encontram novos postos de trabalho com elevados salários e são ouvidos para explicar a economia.

Isso não quer dizer que os que não sabem matemática são melhores economistas. Até porque, muitos dos que não são capazes de formular, entender e operacionalizar modelos matemáticos, muitas vezes são incapazes também de exprimir o conhecimento do real, e suas dúvidas, em um idioma compreensível.

Bem ao contrário, dificilmente é possível ter propensão ao entendimento científico sem um treinamento no uso de instrumentais matemáticos. A matemática é necessária na formação do economista, como linguagem descritiva e como treinamento intelectual (da mesma forma que jogar xadrez e montar quebra-cabeças também ajuda) e porque a busca da matematização tem de se manter como meta, mesmo que distante. Além disso, já existem muitos instrumentos matemáticos que auxiliam no conhecimento da realidade e, por outro lado, sem o uso da estatística e da matemática, quase sempre com as mais simples operações aritméticas, é impossível trabalhar em política econômica.

O erro não está na pesquisa da matemática, mas no equívoco – por preguiça, deslumbramento ou incompetência para pensar o real – de achar que a linguagem matemática se basta. Diferentemente da física, em economia, nenhuma teoria serve, se não puder ser explicada com o mais simples vocabulário da linguagem vernácula. É preciso que metade dos economistas perca o medo da matemática e que a outra metade adquira a consciência dos limites desta, e que todos sejam capazes de trabalhar com a matemática, conhecer os limites de suas formulações como modelos da realidade e traduzir em linguagem capaz de ser inteligível o que eles descobrem e propõem. Caso contrário, não serão economistas ou serão economistas sem utilidade econômica, o que é ainda mais grave.

A MATEMÁTICA DA ECONOMIA

O que limita o uso da matemática na economia não é só a fragilidade da relação entre realidade econômica e linguagem matemática, mas sobretudo o pouco conhecimento que os economistas têm da matemática e o pouco conhecimento existente na matemática para representar em modelos a realidade econômica. Antes de usar a matemática em seus cálculos astronômicos, Newton desenvolveu os instrumentos de análise matemática de que necessitava. Os economistas conhecem apenas a limitada matemática do mundo discreto e contínuo e querem aplicá-la ao mundo fluído e descontínuo da sociedade[*].

Dispondo dessa modéstia quanto ao uso, os economistas devem ter a pretensão de imaginar que são capazes de realizar avanços na própria matemática. Os economistas, com raras exceções, têm estado presos a uma matemática com limitados instrumentos e amarrados a esses instrumentos, formulados para um mundo de continuidade, mas aplicados a um mundo de descontinuidades. Como diz Jorge Luis Borges, se o mundo fosse como as nuvens, a matemática não existiria, ou seria diferente.

---

[*] Isso era verdade até o final dos anos 1980, quando o desenvolvimento de instrumentos matemáticos voltados para a economia geraram avanços significativos.

A economia exige uma matemática nova para explicar o futuro dos homens, que poderá surgir a partir das modernas teorias do caos, mas que raros economistas se aventuram em conhecer*.

9
A UNIDADE ESPACIAL:
A VISÃO NACIONAL E O NACIONALISMO COSMOPOLITA

Embora surgida de uma concepção cosmopolita do mundo, contra a visão nacional do mercantilismo, a economia moderna formulada desde Adam Smith manteve uma conotação absolutamente nacionalista na medição da *performance* econômica. As nações foram vistas sempre com olhos internacionalistas, embora esses olhos medissem os resultados com um instinto nacionalista. Mesmo os economistas que se preocupam com economia mundial trabalham com agregadores e sistemas de análise que consideram os impactos nacionais das políticas. Essa posição se justificava quando os impactos de cada ação econômica se limitavam a um pequeno espaço físico, e a ideia e sentimento de humanidade ficavam restritos aos filósofos.

A integração dos últimos anos – seja pelas comunicações, seja pelos efeitos integrados, seja pela possibilidade de uma visão sistêmica e uma quantificação e processamento de dados em termos universais e a observação da internacionalização dos impactos das ações econômicas – exigem que os conceitos de

---

* Apesar de ter sido escrito para apresentar o meu currículo nos pés de página, este memorial-tese perdeu a oportunidade de lembrar que minha primeira formação foi a de engenheiro mecânico, e que por anos fui professor de matemática, tendo tido o privilégio de dispor de um conhecimento dos instrumentos matemáticos superior ao que em geral é ensinado nos cursos de Economia.

globalidade e de humanidade comecem a permear o conjunto das sociedades nacionais[52].

Atualmente, apesar de decidido com base em racionalidade nacional, cada gesto econômico repercute globalmente no mundo. As grandes obras técnicas, as decisões de investimento e de mobilidade financeira, provocam efeitos em escala mundial: acidentes de reatores nucleares, resíduos de indústrias, ações das redes de banqueiros, de mafiosos, de traficantes, greves de certos setores, decisões de governos, todos geram impactos em escala global. Mas a racionalidade e a medição dos resultados são nacionais ou microeconômicos; cada presidente da República age pensando em seus eleitores nacionais, mesmo que suas decisões tenham repercussões internacionais.

O mundo vive uma tensão entre a visão e a racionalidade econômica nacionais e o poder planetário das técnicas. Essa tensão se agrava devido ao fato de que à medida que aumenta o poder e a escala das técnicas, tem aumentado também o sentimento de nacionalidade, a busca de identidade e de soberania em pequenos grupos étnicos.

A ciência econômica ainda não deu o salto pelo qual o comércio internacional, as políticas cambiais, a análise de projetos, as considerações macroeconômicas saltem da unidade nacional para uma escala planetária de análise. Comete-se o mesmo erro de considerar que economia mundial é a soma de economias nacionais, sem perceber-se que o mundo exige um sistema de análise qualitativamente diferente. Comete-se também o erro de considerar que a visão integrada do mundo implica desfazer as opções, vontades e características próprias de cada sociedade nacional, integradas mas diferenciadas com suas especificidades, no conjunto das nações.

Em vez de um mundo de nações vistas por olhos internacionais, é preciso uma internacionalização por meio da qual o mundo integrado seja visto a partir dos olhos nacionais e os objetivos de cada nação sejam definidos por ela própria e com base em seus interesses e nos meios de que dispõe. Além disso, é importante que um dos objetivos centrais seja a realização do contínuo processo de internacionalização pela qual passam os interesses de cada nação. Esse é um dos desafios da economia contemporânea. Saindo do nacionalismo fechado visto por List (1789-1846)[53] e pelos modernos desenvolvimentistas, mas sem cair no internacionalismo que nega os objetivos nacionais e se choca com os direitos de cada povo.

Além disso, o nacionalismo moderno não pode cair na ilusão de confundir fronteiras da economia com fronteiras nacionais. O mundo realizou uma integração internacional no setor produtivo no sistema financeiro e no padrão de consumo, ao mesmo tempo que provocou um crescente distanciamento entre grupos sociais dentro de cada nação. A integração é perfeitamente observável pelo praticamente idêntico nível de consumo, de bens e serviços entre as elites consumistas em todos os países do mundo; ao mesmo tempo, a desintegração interna de cada nação pode ser observada pela reversão de uma tendência anterior de diminuição da desigualdade. Nos últimos anos, ocorreu um processo de aumento da desigualdade, não só nos países em desenvolvimento, mas também nos países ricos, como EUA e Inglaterra, onde as medidas liberais provocaram uma elevação no nível de crescimento e de riqueza, mas também o empobrecimento de parcelas da sociedade. A economia tem a obrigação de redefinir o conceito de globalização, para considerar os diferentes grupos sociais dentro de cada país, ainda mais do que do aumento da convivência e da sinergia entre diferentes nações do mundo.

Em vez de seguir o padrão neoclássico de submeter interesses nacionais ao comércio internacional, o **nacionalismo cosmopolita** pode definir as bases econômicas da cooperação internacional, subordinando-as aos interesses e ao bom funcionamento das economias nacionais*.

---

*   Em 2005, apresentei a ideia de "Condomínio Terra", definindo a necessidade de considerar a Terra como um condomínio de países independentes, mas responsavelmente interligados e submetidos a regras e valores morais internacionais.

VII

UMA AGENDA PARA A MODERNIDADE

1
A REDEFINIÇÃO DE *moderno*[54]

A principal dificuldade para a reformulação necessária à ciência econômica prende-se ao fato de que ela vem se desenvolvendo de forma mais lenta do que a realidade do objeto que estuda. Os economistas, procurando a construção da Modernidade, ficaram presos a conceitos anacrônicos de modernidade e a instrumentos obsoletos para realizá-la. Ficaram duplamente arcaicos.

Grande parte dos economistas – bem como suas ideias de modernidade e seus objetivos –, continua presa ao conceito de riqueza surgido com **Smith**, acreditando no equilíbrio dos neoclássicos, cujo crescimento é bom e ilimitado, fechando os olhos à realidade – a forma mais crônica de anacronismo. Dessa forma, os pensadores econômicos comportam-se como teólogos que se negavam a olhar o céu com um telescópio, para não dar razão a Galileu.

Os economistas caem na defesa de uma modernidade industrial contemporânea, na qual os mais avançados produtos da técnica convivem com uma sociedade em níveis primitivos de qualidade de vida e respeito aos direitos dos seres humanos, formando um sistema integrado non qual o moderno é decorrente da desapropriação feita sobre a parcela atrasada.

Ainda mais grave para teóricos, não percebem que essa realidade é decorrência natural do próprio processo econômico que busca aquela modernidade. Formam, dessa maneira, um novo tipo de economistas anacrônicos, insensíveis e incompetentes. Insensíveis para perceberem que a economia tem de se ligar à realidade na busca de construção de utopias; incompetentes por não perceberem que a economia tem se baseado no crescimento com desigualdade e perversidade, em escala mundial e nacional, na distribuição dos resultados do progresso técnico; consequentemente anacrônicos, porque defendem uma modernização que não resistirá, salvo em regimes de *apartheid* como a África do Sul (onde o racismo foi utilizado para manter a desigualdade) ou de **apartação**, como no Brasil (onde a segregação se dá diretamente ao nível social). Regimes que não sobreviverão eternamente, uma vez que exigem custos crescentes ao nível da repressão militar, do boicote e ineficiência na produção e na insatisfação existencial da população em geral*.

A constatação de que, nessa etapa histórica, o desenvolvimento econômico significa pobreza, não necessita de qualquer sofisticação teórica de economista. Basta observar a desigualdade crescente entre as populações ricas e pobres do mundo, não importa onde elas estejam.

Por outro lado, aqueles que durante anos fizeram oposição teórica aos neoclássicos e aos liberais caíram em grande perplexidade, que os impede de oferecer alternativas concretas.

---

* Só posteriormente, em *A cortina de ouro* e outros textos, formulei a hipótese de que a apartação se tornaria normal, sem tensões nem custos policiais e políticos, se a desigualdade se transformasse em diferença biológica provocada por uma mutação artificial, induzida cientificamente.

De um lado, foram coniventes com o projeto de modernidade implantado nas últimas décadas; de outro, apoiaram as utopias socialistas no exterior, cujos resultados não foram os esperados, ao nível da eficiência e da liberdade, embora com alguns consideráveis avanços sociais.

Outros tentam com seriedade enfrentar esses economistas, mas pela recusa a qualquer tipo de modernidade, caindo em um idealismo e entrando em uma luta perdida.

A modernidade é inevitável. Trata-se de saber se ela pode ser definida, e quais seus objetivos, ou se ela é um processo determinista e perverso. E essa definição é uma tarefa fundamental do trabalho dos economistas nos próximos anos.

Ao se manter essa tendência por mais 100 ou 200 anos, a humanidade se dividirá não entre ricos e pobres, mas em duas espécies diferentes. A integração internacional entre os países do mundo levou à criação de um Mundo Terceiro Mundo. A Terra se transformou em um Terceiro Mundo. Deixando de ser vistos como teólogos da Idade Moderna, os economistas precisam redefinir o propósito da Modernidade, como intelectuais de uma nova Renascença.

2
A DETERMINAÇÃO DOS OBJETIVOS DA MODERNIDADE

Chocará os historiadores futuros a maneira com a qual os economistas defendiam a modernidade técnica e econômica, prisioneira do anacronismo social e ético; ainda mais, chocará os economistas de países com maioria pobre, presos a paradigmas anacrônicos e externos, desajustados às realidades de suas sociedades específicas. Como fruto do cosmopolitismo econômico de **Adam Smith**, ratificado no internacionalismo de Marx e na globalização dos neoclássicos, os economistas tendem a ignorar as especificidades de cada povo: as necessidades passam a ser as mesmas, independentemente do país; a cultura e os juízos de valor passam a ser os mesmos, independentemente de suas características; e suas economias passam a ser organizadas e desorganizadas sem qualquer relação com a disponibilidade de seus recursos naturais.

Cinquenta anos desse processo são suficientes para que qualquer observador medianamente inteligente e suficientemente preocupado entenda que esse caminho não leva a uma modernização desejada e que se torna necessário definir, em vez de se submeter, quais são os objetivos da Modernidade.

Dois tipos de objetivos existem: alguns intrínsecos ao ser humano, como acesso à alimentação, educação e cultura, habitação e serviços de transporte, crescente tempo livre e qualidade de lazer; outros criados pelo processo econômico, como o consumo suntuoso. Ambos são objetivos da Modernidade. Mas, no momento em que esses dois objetivos se chocam, é necessário priorizar. Os países tecnologicamente atrasados optaram, desde os anos 1930, pelo consumo supérfluo, na hipótese de que pela produção para viabilizá-lo seria possível atender às necessidades sociais, graças ao emprego gerado. O resultado tem sido desastroso. Avançou o consumo, mas sem resolver e até agravando a solução dos demais problemas básicos.

Uma nova modernidade vai exigir o atendimento das necessidades essenciais*. Em vez de priorizar o crescimento econômico, será necessário submeter a economia para servir à realização de objetivos sociais. Os objetivos da modernidade nos próximos anos devem ser a abolição da **apartação** com a eliminação da miséria, a criação de um sistema global de educação, a ampliação e criação de alternativas de lazer, a montagem de um sistema eficiente de saúde pública. Ainda que para isso fosse preciso sacrificar a realização da modernidade anacrônica das últimas décadas.

3
A ECONOMIA DA POBREZA**

O mundo construído pela economia demonstra a pobreza da economia para mudar o mundo, rumo a uma sociedade justa, sem pobreza. A "economia do futuro" deverá sair de sua pobreza, transformando-se em uma "economia da pobreza".

A evolução social mostrou que a economia é uma ciência competente para o aumento da riqueza, mas não para a redução da pobreza, porque esta não se distribui pela própria economia. É preciso um novo arcabouço teórico que passe a se preocupar

---

* Em 1994, publiquei o livro *A revolução das prioridades – da modernidade-técnica à modernidade-ética* pela Editora Paz e Terra, no qual formulei o conceito de que "ser moderno" é estar próximo dos desejos sociais. Uma tribo primitiva é mais moderna do que a sociedade brasileira, por ter seus poucos desejos realizados, enquanto a nossa sociedade, por mais que se "modernize", vê seus desejos cada vez mais distantes. A modernidade-técnica é aquela que se define pela técnica que utiliza, a modernidade-ética, por sua vez, é definida pelas realizações dos objetivos sonhados pela sociedade.

** Esta consideração não estava na versão original deste memorial-tese. Achei que deveria fazer uma referência, considerando que foi sobretudo a este tema que dediquei o meu tempo profissional e político, desde então.

diretamente com os rumos e as políticas que conduzam à redução da pobreza. Se a ciência econômica não der esse salto – perceber que é preciso ter a superação do quadro da pobreza como seu objetivo e ter instrumentos próprios para isso – ela vai atrasar o surgimento das ideias específicas para enfrentar a realidade da pobreza.

4
O EQUILÍBRIO GLOBAL

Keynes descreveu um equilíbrio geral, dirigido aos países ricos, em um tempo de nacionalidades, no qual a inflação e o meio ambiente não eram problemas; no qual o desemprego era função de desequilíbrio, e o conhecimento técnico era apenas uma variável secundária do processo econômico, e em países nos quais a pobreza não era um problema fundamental, mas um mero resultado do desequilíbrio e da estagnação econômica. Uma realidade completamente diferente do final do século XX, especialmente em países como o Brasil.

Aqui, como em outros países com características sociais parecidas, é tempo de recuperar a ética, perceber a gravidade da desigualdade social no presente e do risco ecológico no futuro.

O economista dos próximos anos precisará ser ético: comprometido com o equilíbrio ecológico, da proteção ambiental e com o equilíbrio social da eliminação da pobreza.

A prioridade para a solução da pobreza não pode significar saudosismo do passado populista. A economia dos próximos anos deverá realizar a sofisticada equação de um equilíbrio global, na qual seis variáveis sejam compatibilizadas:

I. a estabilidade monetária, porque esse é o padrão de medição de todo produto econômico, cada país precisa ter sua bandeira, seu hino e sua moeda, até quando, por decisões soberanas, as moedas se unifiquem em uma única no mundo, ou em diferentes moedas regionais[*];
II. a abolição da pobreza, porque não faz sentido uma economia que não resolva ou até agrave o problema da pobreza, em um tempo em que nada impede que todos tenham acesso aos bens e serviços essenciais;
III. o equilíbrio ecológico, porque de nada adiantaria resolver o problema da pobreza nos tempos de hoje, sacrificando as próximas gerações;
IV. o crescimento econômico, porque, além de ser uma necessidade do aumento da população, essa é uma necessidade e uma aspiração de toda a população do mundo e de todas as classes sociais;
V. geração de emprego, porque, mesmo que haja sistemas de benefícios sociais, ainda não se descobriu uma forma de realizar plenamente cada pessoa do mundo sem o seu envolvimento produtivo por meio de um emprego;
VI. a produção cultural, porque há um valor específico, relegado pelo pensamento econômico, intrínseco à produção cultural, por meio da educação, da ciência, da tecnologia e da cultura em geral.

Nada determina, como regra da natureza, a aceitação dos últimos anos de que a estabilidade monetária exige recessão

---

[*] Este texto foi escrito anos antes do Plano Real e da Lei de Responsabilidade Fiscal serem propostos.

ou inflação; ou de que o crescimento reduz automaticamente à pobreza; e de que a luta contra a pobreza é necessariamente degradante do meio ambiente.

Os economistas dos próximos anos têm como tarefa central formular as leis desse equilíbrio global entre os seis objetivos centrais do processo civilizatório, vistos na ótica da economia.

Além disso, precisam rever a própria definição do produto de sua área do conhecimento, de tal maneira que o saber, sob suas diferentes formas, seja um produto desejado em si, e considerado na educação de todos, na ciência e tecnologia, na manifestação das atividades culturais e na ampliação do patrimônio cultural da humanidade.

Nada impede que a economia se desenvolva a ponto de ser esse instrumento de equilíbrio global; mas, para isso, precisa mudar o próprio ensino da ciência econômica.

VIII
O ENSINO DA ECONOMIA

A consideração dos novos problemas e o salto teórico que a ciência econômica necessita dar nos próximos anos esbarram em um entrave fundamental: o ensino nas universidades.

A primeira mudança vai além do ensino específico da economia. A universidade atual não está preparada para romper o paradigma civilizatório ao qual ela serve. A reforma universitária deverá refazer a estrutura, os métodos e os objetivos da universidade, para organizá-la como uma instituição para servir ao processo de renascença em marcha no mundo[55].

Além disso, os próprios cursos de economia devem mudar.

1
O FIM DO REACIONARISMO TEÓRICO

Um dos entraves ao salto está na prisão dos jovens estudantes de hoje às teorias do passado, como se elas fossem certezas absolutas a serem defendidas, em vez de um marco teórico a ser contestado e superado.

De maneira simplificada e esquemática, os estudantes se dividem entre os que se apegam à visão neoclássica e àqueles que defendem o marxismo. Em ambos os casos, percebe-se apego reacionário a ideias consolidas, em vez de ânsia pela aventura de reformar as ideias. Durante anos, a maioria dos estudantes defendia, com uma ou outra especificidade, a visão marxista, repudiando o neoclassicismo. Por mais que o pensamento marxista fosse progressista, o apego a ele como verdade absoluta era uma manifestação reacionária. Até a mais radical certeza, quando tomada como valor permanente, torna-se conservadora. Progressista em relação à anterior, mas conservadora em relação ao novo.

Atualmente, percebe-se que o sectarismo se manteve, mas deslocou-se de Marx para os neoclássicos e os neoliberais.

No Brasil, três outras razões fortalecem a preferência pela visão conservadora:

I. Ela se origina inicialmente de uma tendência mundial de repulsa às intervenções do Estado na economia. A partir do final dos anos 1970, percebe-se uma volta ao liberalismo, com resultados positivos do ponto de vista do equilíbrio dos preços e da retomada de crescimento e de riqueza em alguns países. No entanto, essa situação esconde a realidade do endividamento público e da concentração da renda.

II. Segundo, a situação de apartação da sociedade brasileira, na qual os professores e estudantes de Economia participam pelo lado dos privilegiados. Enquanto o Brasil vivia um período de autoritarismo com uma economia concentradora de renda, era possível que os economistas defendessem a distribuição de renda, com posições progressistas, uma vez que seus privilégios estariam de todas as formas resguardados. Os economistas mantinham as vantagens da segregação, com as vantagens intelectuais de estarem contra esse estado de coisas. Quando a democracia política se instaura, a defesa da distribuição de renda deixa sua retórica e torna-se uma exigência para a política econômica, ameaçando os privilegiados, é natural que estes, inclusive os economistas, se assustem e passem a defender princípios conservadores. A situação fica ainda mais óbvia no caso dos jovens estudantes que ainda não usufruíram os benefícios dos privilégios. Como consumidores, os economistas e os jovens estudantes têm razões para defender o liberalismo que os beneficia diretamente.

III. É possível ver o conservadorismo teórico como uma reação positiva ao envelhecimento das ideias tidas como progressistas. Ao longo dos últimos dez anos, enquanto se instaura um regime politicamente democrático no Brasil, enquanto o Leste Europeu muda drasticamente, enquanto novos filósofos surgem no mundo, os professores marxistas brasileiros, em sua quase totalidade, continuam com o mesmo discurso, irritando os jovens estudantes que passam a recusar aquelas ideias como velhas. Por falta de assistência de professores, em vez de buscarem um salto teórico adiante, eles se apegam às ideias antigas que os professores conservadores ensinam. Ficam progressistas pelo reacionarismo*.

2
O FIM DO DISCURSO IRREAL

O complexo de inferioridade dos economistas diante dos cientistas físicos e o preconceito epistemológico de que está na matemática a única linguagem científica válida levou os cursos de economia a uma busca de matematizar ao máximo a linguagem

---

* Entre 1991 e 2006, houve uma mudança filosófica radical graças ao envelhecimento das ideias progressistas e dos próprios professores que as detinham. O conservadorismo se transformou em pensamento único.

utilizada. Enquanto outros, quase sempre por não saberem matemática, repudiavam esse instrumento. Entretanto, enquanto os físicos ajustam seus modelos à realidade, através de séculos de acumulação de dados e resultados de pesquisas em confronto com uma realidade imutável, os economistas, diante de uma realidade extremamente móvel, passaram a ajustar a realidade aos modelos formulados ao nível exclusivamente das ideias. O resultado tem sido uma total desarticulação entre os modelos e a realidade que eles tentam refletir. Mesmo assim, por comodismo ou por incompetência, os professores se mantêm prisioneiros desse método epistemológico de pernas para o ar. E como novas ideias do processo exigem revisões dos conceitos e de todos os modelos anteriores, os economistas, presos a esses modelos, preferem repudiar as novas ideias*.

O ensinamento de economistas tem de ser capaz de, simultaneamente, aumentar a capacitação matemática dos alunos e ser capaz de ir além, criticando as falhas no seu uso como forma de traduzir a realidade. Com esse conhecimento e sua crítica, os economistas deverão estudar qual a verdadeira linguagem que se ajusta à parte do mundo que eles querem descrever e construir.

3
A SUPERAÇÃO DA ARROGÂNCIA

Por mais que errem, como resultado da superioridade que dá o uso da matemática, e pelo poder político assumido nas últimas décadas, transformando-os em teólogos dos tempos atuais, o

---

* Exemplos disso são as ideias cultivadas nos cursos de Economia. A partir de 1991, para incorporar o meio ambiente ao estudo da Economia, a UnB criou um Centro de Desenvolvimento Sustentável, a partir da ideia que desenvolvi.

ensino e a prática da Economia vêm sendo exercidos com grande arrogância. Observa-se isso ao se comparar o comportamento de alunos dos diversos cursos das áreas de ciências humanas e sociais. Essa arrogância e essa certeza têm um papel nocivo na promoção de avanços científicos, porque prendem os economistas à ilusão de que os atuais princípios estão corretos, não exigindo modificações.

O avanço científico na economia vai exigir que seu ensino se faça com uma modesta e inteligente prática do axioma da dúvida, em vez da arrogante e estúpida prática da certeza. A crise de prestígio, de respeitabilidade e de consciência pode trazer a dúvida e a modéstia necessárias para avançar revolucionando o conhecimento.

Uma das maiores formas dessa arrogância está na linguagem esotérica, incompreensível, que utilizam em seus textos, restrita apenas aos iniciados, e que serve para protegê-los de críticas.

4
A SUPERAÇÃO DO COLONIALISMO

Um respeitado professor de economia brasileiro, Cláudio de Moura Castro, em artigo no *Jornal do Brasil*, comenta que um dos seus colegas de doutorado nos EUA, ao voltar para seu país, na Ásia, passou meses em um templo budista. O significado desse gesto é que o jovem PhD, ao regressar, procurou mergulhar de volta em sua cultura local.

Ao retornarem fisicamente ao Brasil, os professores brasileiros, formados nos EUA e na Europa, nos países capitalistas como nos socialistas, fizeram o possível para se distanciarem da cultura local, ficaram espiritualmente presos aos países onde estudaram. Presos à visão anglo-saxônica que permeia toda a ciência econômica, em qualquer das escolas. O resultado é que os ensinamentos que transmitem criam um universo teórico quase sempre desvinculado da realidade do país. Em vez de usarem os métodos e as reflexões obtidas em centros de um pensamento mais rigoroso para formularem novas teorias a partir da realidade local, os novos professores usaram os dogmas que aprenderam, para tentar explicar a realidade que eles mal conheciam e não hesitavam em manipular para caber nos modelos importados. As teses orientadas quase sempre servem para comprovar os dogmas, raramente para inventar uma teoria nova, ainda menos para romper um paradigma, porque o orientador não aceitaria.

No conjunto, os economistas apenas levaram a um grau mais adiantado a submissão colonizada da qual padece a maior parte dos pensadores brasileiros. Com isso, deixam de oferecer ideias contribuições inéditas ao pensamento universal. Caem em um eruditismo limitado às ideias econômicas, aceitam a postura de um permanente atraso, como se fosse impossível a um pensador ou economista de um país emergente dar uma contribuição que rivalizasse com os seus orientadores desenvolvidos.

Mesmo aqueles que optaram pelas ideias desenvolvidas no Brasil e na América Latina, como aquelas da escola **cepalina**, ficaram prisioneiros também do colonialismo de ideias de um passado distante em relação à realidade que foi então estudada.

Foram os pensadores que pensaram o Brasil com uma visão brasileira que se fizeram universais. Gilberto Freyre, Celso Furtado, Sergio Buarque de Holanda, Darcy Ribeiro, Josué de Castro, Paulo Freire ousaram um mínimo de pensamento próprio e por isso foram respeitados no resto do mundo. Mas economistas e cientistas sociais brasileiros, com seus doutorados, não apenas perderam essa capacidade de ousar, como inclusive se atrevem a minimizar a colaboração desses brasileiros que ousaram. Criticam e desprezam inclusive o fato de que eles escreveram em linguagem inteligível ao grande público.

O momento nunca foi tão favorável para essa nova postura. A crise que vive o Brasil, especialmente no momento em que o pensamento econômico está em crise no mundo, aliado à existência de uma massa crítica de economistas e pensadores, pode permitir que surja no Brasil uma visão nova do mundo econômico.

Essa nova postura exige uma ruptura com o complexo de inferioridade que domina o pensamento dos pensadores brasileiros. Requer perder o medo de oferecer ideias novas que rompam com os orientadores e com as escolas de pensamento estrangeiro[*].

5
A ESTRUTURA DO CURSO

INTRODUÇÃO AO CONHECIMENTO ECONÔMICO

A arrogância atual se mostra na conceituação de "introdução" – a disciplina Introdução à Economia é feita no interior do curso, e não como conhecimento anterior. Nela, são ensinadas as noções iniciais da Ciência Econômica, e não as noções preliminares, necessárias ao entendimento do fenômeno econômico e das teorias que explicam esses fenômenos e das ideias que permitiriam avançar esses conceitos e noções. É como se o mundo das ideias só começasse a existir dentro das ideias da economia.

---

[*] Alguns anos depois deste memorial-tese, alguns economistas brasileiros deram prova de criatividade própria, ao enfrentarem um problema nacional com ideias nacionais – foi o Plano Real.

A introdução ao conhecimento econômico merece uma disciplina anterior ao estudo específico da economia, que dê ao aluno os rudimentos do pensamento, do entendimento e da crítica, necessários para enfrentar o desafio de conhecer o funcionamento da economia e o papel desse conhecimento na construção da utopia.

Para isso, o aluno deve mergulhar, em primeiro lugar, em um compromisso: a abolição da pobreza no mundo inteiro e em cada país em particular. Não faz sentido ser economista se não for para lutar contra a pobreza, assegurando a cada pessoa no mundo o mínimo essencial para sua vida com dignidade. Em segundo lugar, entender que o processo econômico é parte do processo natural, estuda como as pedras, as plantas e os animais se transformam em homens e seus produtos. Por isso, a natureza deve ser respeitada por seu patrimônio e no seu equilíbrio. Em terceiro, abraçar uma lógica que lhe permita entender o que ocorre e como mudar a realidade do mundo. Esses três princípios introdutórios vão exigir:

I. Estudo da filosofia, com ênfase especial aos problemas da ética. Sobretudo a ética social e da distribuição de produtos e direitos fundamentas entre os homens, inclusive o direito fundamental à posse e ao uso da liberdade. Estudo de epistemologia e filosofia da linguagem.

II. História das ideias, especialmente da filosofia com atenção aos aspectos da ontologia, teleologia e das relações entre homens e natureza, incorporando as religiões e as filosofias orientais.

III. História e análise das ideias e das buscas de utopias, incluindo os textos literários, inclusive na ficção científica, como forma de propor, denunciar e imaginar.

iv. Estudos dos textos e análises psicanalíticas, de forma a entender como se formam os desejos de consumo.
v. História dos mitos e dos arquétipos civilizatórios.
vi. História da natureza e da física, especialmente no entendimento do significado da segunda lei da termodinâmica.
vii. História e filosofia da matemática e estudo da matemática contemporânea, especialmente a teoria do caos.
viii. História geral das civilizações, especialmente os propósitos que elas perseguem, e as lógicas que elas seguem em seus avanços e decadências.
ix. História da ciência e da tecnologia.
x. Teorias sociológicas e políticas.

Ao final desse período, para o aluno avançar no curso, seria exigida uma monografia sobre "o conhecimento e o ser na economia", abarcando a definição do papel da economia como ciência do entendimento das formas de relacionamento dos homens entre si e com a natureza, visando à construção de utopias. Sem aprovação nesse curso introdutório, o aluno não poderia seguir o curso de Economia, embora tivesse a chance de seguir um conjunto de disciplinas que lhe dessem um diploma de "operador de funções econômicas", mas não de pensador e formulador de economia.

O curso de Economia
Nessa nova concepção, o curso de Economia é uma forma de especialização para estudantes que desejam aperfeiçoar o conhecimento das relações entre homens e natureza. Para tanto, as disciplinas seriam vistas mudando-se a conotação metodológica para a emulação de dúvidas e incertezas, em vez de transmissão de certezas.

Além dessa modernização metodológica, é preciso que os cursos mudem:

I. Além da macroeconomia. As áreas de análise não devem se limitar ao estudo dos problemas sociais, deve incorporar a natureza dentro dos modelos econômicos. E não devem trabalhar apenas modelos nacionais, mas também modelos da economia global.
II. Aquém da microeconomia. Nas disciplinas da microeconomia, é preciso captar os valores e as opções existências e subjetividades dos indivíduos, para não desumanizá-las por uma unificação de gostos, padrões e comportamentos.
III. O comércio internacional. Deve levar em conta as características da revolução tecnológica em andamento, mas sobretudo as especificidades de um mundo integrado não apenas por países, mas também por redes que atravessam as fronteiras sem respeitar os interesses e as leis nacionais.
IV. O desenvolvimento. As disciplinas que estudam a evolução social devem perder a ilusão otimista, redescobrir **Malthus** e procurar construir teorias e modelos sobre o desenvolvimento autossustentado, com base em propósitos alternativos aos atuais, presos apenas à renda.
V. A regulação no caos. As técnicas de planejamento e projetos devem incorporar não apenas as incertezas, como também as dificuldades para combinar Estado e mercado.
VI. A contabildade nacional. As técnicas de contabilidade nacional não devem se limitar ao espaço da produção, deverão debater e ensinar como incorporar na *performance* da economia as variáveis naturais, sociais e culturais.

Complementação

Além da formação anterior, o aluno de Economia deveria, ao longo de toda sua formação, participar de núcleos temáticos multidisciplinares e núcleos culturais da universidade[56] conforme sua opção. E fazer trabalho de extensão, junto a empresas, órgãos públicos e à população em trabalhos comunitários, como alfabetização. O economista deve ser um profissional tridimensional: com boa formação em sua área de conhecimento, com um compromisso firme com pelo menos um tema da realidade, e com uma prática cultural capaz de desenvolver seu humanismo. Além disso, deve complementar a prática de extensão com a teoria dos cursos.

Monografia

Ao final, seria exigida uma monografia sobre o tema estudado, mas com um enfoque metodológico, com o qual o aluno deve fazer avançar o seu conhecimento, e não demonstrar o que aprendeu, sendo obrigado a formular seu pensamento de forma crítica com base no que estudou, em cima de dúvidas e contra-argumentação sobre as aulas, os professores, as ideias, os autores. Toda monografia deve ser sobre a identificação e elaboração em torno a uma dúvida que ficou ao longo do curso. Quem não ficou com uma dúvida e não for capaz de analisá-la, não deve merecer o diploma.

A formação permanente

Na atual crise do pensamento, e na dinâmica com a qual evolui o conhecimento, nenhum curso oferece uma formação permanente; a economia ainda menos. Por isso, o curso de economia não deve se concluir com a formatura. O curso deve fornecer uma permanente reciclagem aos seus ex-alunos, por revistas e cursos curtos, durante toda sua vida profissional.

Os alunos de economia devem ser alunos permanentes[*]. Sobretudo os candidatos a professor titular. Por isso, este memorial-tese com "minhas dúvidas sobre a economia" pode ser considerado minha monografia necessária ao diploma inicial de economista, e como um passo na minha formação permanente, décadas depois de formado. Concluo como se estivesse começando, porque não vejo nada melhor do que isso para demonstrar minha qualificação para o posto de aprendiz a titular.

---

[*] Em 1991, a ideia de formação continuada estava apenas começando e os modernos equipamentos de computação em unidades pequenas e domiciliares e a teleinformática eram apenas vislumbrados. De lá para cá, em muitos trabalhos passei a defender com mais vigor a ideia da formação continuada e a distância.

REFERÊNCIAS

1. CV. 2.1 – Título professor *honoris causa* pela Universidade Federal do Espírito Santo (Ufes); e Cnf.1 – Discurso no recebimento do título de professor *honoris causa* pela Ufes.
2. CV. 2.2 – Título doutor *honoris causa* pela Universidade Federal de Alagoas.
3. Int.1 – Introdução e prefácio ao livro *Memórias de Erasmo*, por Édouard Beauduin, Editora Paz e Terra, São Paulo, 1991.
4. Lel.1 – Entrevistas que fiz entre 1990 e 1992 com grandes economistas – Celso Furtado, Ignacy Sachs, Inácio Rangel, Enrique Iglesias García –, com o intuito de publicar um trabalho com o nome de *Os Teólogos da Modernidade – a religião do século XX*.
5. Pro.1 – Proposta para a criação do doutorado internacional em Economia Ecológica; CV. 5.1; Arj.1 – Artigos no *Jornal do Brasil*.
6. Liv.1 – Livro publicado: *Na fronteira do futuro – o projeto da UnB*, Editora da UnB – Brasília, 1989.
7. Arj.2 – Artigo no jornal *Folha de S. Paulo*: "A universidade transgressora".
8. Lit.1 – Livro traduzido para idioma estrangeiro: capítulo "El destino de la universidad", incluído na versão em espanhol do Liv.1 – *En la frontera del futuro*, Ed. Flacso – Universidad Nacional de Costa Rica (Heredia), San José, 1991; Mpq.1 – Monografia publicada em plaquete *The Conquest of Freedom*, Editora da UnB, 1989; Mpq.2: *Uma ideia de universidade*, Editora da UnB, 1986; *O dicionário da crise universitária*, depoimento na CPI da crise na universidade brasileira, maio, 1992.

I.2. Cícero, in "Tusculan Disputations", citado por Derek Gjertsen, *Science and philosophy – past and present*, Penguin Books, Londres, 1989, p. 14.

9. CV. 8.1 – Reitor da Universidade de Brasília no período de 1985 a 1989.
10. Ajn.1 – Artigo *Alto-clero, baixo-clero, auto-clero*.
11. Liv.1 e Lit.2.
12. Liv.2 – *A desordem do progresso – o fim da era dos economistas e a construção do futuro*, Editora Paz e Terra, São Paulo, 1989.
13. Lit.2 – *The End of Economics*, tradução do Liv.2, em Londres, pela Editora Zed; CV 5.1 – Professor do Departamento de Economia da UnB.
14. Liv.2.

III.1. Ver "The Nature of Happiness", in Norma F. Cantor and Peter L. Klein: *Ancient Thought: Plato & Aristotle*, p. 131.
III.2. Cantor and Klein, op. cit., p. 135.
III.3. Robert L. Heilbroner, *Wordly Philosophers – The Lives, Times and Ideas of the Great Economists Thinkers*, Simon & Schuster, New York, 1972, p. 20.
III.4. Paul Johnson: *La história del cristianismo*; Javier Vergara Editor, Buenos Ayres, 1989, p. 191.
III.5. *Emergência na Europa – 1500-1600*; Editora Time-Life, p. 14.
III.6. Robert Eklelund Junior and Robert F. Hebert, *A History of Economic Theory and Method*, McGraw-Hill Book Company, 1975, p. 29.
III.7. Charles Carter, *Wealth – An Essay on the Purposes of Economics*; Pelican Book, Middlesex, 1971, p. 25.

15. Ver Liv.3 – *O colapso da modernidade brasileira e uma proposta alternativa*, Editora Paz e Terra, São Paulo, 1991; Liv.4 – *A revolução na esquerda e a invenção do Brasil*, Editora Paz e Terra, 1992.

III.8. *Royal Economic Society Newsletter*, Londres, n. 77, abril, 1992.

16. Esse tema permite uma tese de mestrado com o tema "Uma avaliação econômica do funcionamento de um Departamento de Economia em uma universidade brasileira".

17. Esse tema está sendo trabalhado no livro intitulado *A máscara da modernidade no Brasil*, Liv.2, Liv.3, Liv.4. O quarto livro tratará dos "erros que levaram o Brasil à presente situação", "uma arqueologia do pensamento econômico para o futuro do Brasil" e "quais medidas modificariam o Brasil".
18. Liv.2, Liv.3, Liv.4.; CV.7 – Conferências internacionais e atividades de pós-doutoramento, especialmente, CV.7.1, CV.7.2, CV.7.5, CV.7.13, CV.7.14, CV.7.15, CV.7.17.
19. CV.1.1 – Engenheiro mecânico; CV.6 – Conferências no Brasil.
20. Ver CV.4.1– Diretor da Consplan – Consultoria e Planejamento; CV.4.2 – Funcionário do Banco Interamericano de Desenvolvimento; CV.4.3 – Consultor de orgãos internacionais: FAO/Onudi/Ceoal/ UNDP/Alide/OEA/Ifad; CV.4.4 – Consultor de orgãos nacionais: Sudam/Sudene/CNPq/Cepas/Finep/Codeplan.
21. CV. 1.3 – Tese de doutorado: *Le financement public des investissement privés et choix tecnologique – le cas de nordeste brésilien* – Paris I – Sorbonne, 1973; Lco. 4 – *Tecnologia apropriada – una política para la banca de desarrollo*, Editora Alide, Lima/Peru, 1983, coautoria com Sergio C. Buarque; Lcd.1 – *Um reexame da questão nordestina*, Fundação João Pinheiro, Belo Horizonte, 1985; Lpa.1 – *Os grandes projetos da Amazônia*, Núcleo de Altos Estudos Amazônicos, Belém, 1987, contribuição: "Notas para uma metodologia de avaliação dos grandes projetos da Amazônia"; Liv.5 – *Avaliação econômica de projetos*, Editora Campus, Rio de Janeiro, 1984; Lpa.2 – *Crecimiento o desarrollo: un debate sobre sustentabilidad de los modelos económicos*, Editor Jacobo Schatan, Santiago de Chile, 1991, contribuição: "La lógica y la aventura de la estupidez del crecimiento económico"; Mnp.2 – *Seleção de tecnologia nos projetos industriais financiados pela Sudene*, CNPq, mimeo., set. 1981, coautoria com Sergio C. Buarque; Are.1 –

"A ciência a serviço da nação", *Revista Brasileira de Tecnologia*, vol. 16, n. 3, maio/jun. 1985.

22. Are.2 – "Ética e ciência econômica", *Revista Brasileira de Tecnologia*, n. 18, 1987, p. 48-53.
23. Liv.2.
24. Pro.1 – *Tribunal para julgar os crimes do desenvolvimento*: proposta apresentada oficialmente na SBPC realizada em Salvador/BA, em 1982.
25. Liv.1 – Essa é uma das ideias para teses de alunos de mestrado ou doutorado.
26. Liv.1; Mpq.3 – *Avaliação de projetos e distribuição de rendas, entre classes e entre gerações*: textos para discussão, Departamento de Economia da UnB, 1980.
27. Lel.1.
28. Int.2 – Introdução ao *Sistema nacional de economia política*, de Friedrich List, publicado pela coleção Os Economistas, da Editora Abril, São Paulo, 1983.
29. Liv.2; Are.2; Are.3 – "Teoria econômica e meio ambiente", *Revista do Serviço Público*, ano 40, v. 111, n. 4, Brasília, out./dez. 1983.
30. CV. 7.8 – *La crise du Golfe – la derive du droit*: trabalho apresentado em Argel, 28 fev. a 02 mar. 1991.
31. Liv.2; Liv.3; Liv.4.
32. Lit.2.

VII.1. Ver p. 194, edição Pelican Classics, ou p. 24, edição Great Books, vol. 36.

33. Liv.2.
34. Arj.1 - *Um planeta chamado Brasil*.
35. CV. 7.1 – Londres, fev. 1992: Thames Polytechnic, curso "Main Problems in Economic Knowledge Today".
36. Arg.1 – "Os construtores do impossível", revista *Leia-livros*, ano XIII, n. 154, p. 27-29, 1991.

37. Liv.2; Lpa.2.
38. Are.5 – "O fetichismo da energia", publicado em duas partes na *Revista Pernambucana de Desenvolvimento*, Recife, vol. 9, n. 1, jan./ jun. 1980, e vol. 9, n. 2, jul./dez. 1982.
39. Mpq.3.
40. Arj.1 – "A administração do samba", *Jornal do Brasil*.
41. Liv.2.
42. Liv.3; Liv.4.
43. CV. 6; Lpa.3 – Título provisório: *Américas – utopias e formações sociais*, livro com os anais da VII Jornada de Estudos Americanos, promovida pela Associação Brasileira de Estudos Americanos e a Fundação Joaquim Nabuco. O trabalho apresentado tem o título *Mil anos da civilização americana – a busca da utopia e as quatro descobertas da América*, maio, 1992.
44. Liv.3; Liv.4.
45. Liv.4.
46. CV. 5.1 – Professor adjunto IV do Departamento de Economia, nas disciplinas de História do Pensamento Econômico, Desenvolvimento Econômico, Economia Brasileira, Análise de Projetos, Crise do Pensamento Econômico; CV. 5.2 – Professor associado na Ecole Pratique des Hautes Etudes Sociales, em fevereiro de 1987.
47. Pro.1.
48. CV. 5.3 – Coordenador para a implantação do doutorado em Economia Ecológica; Pro. 2 – Proposta para doutorado internacional sobre Economia Ecológica, conjuntamente com as universidades de Concepción – Chile, Edinburgh – Escócia, Sevilha – Espanha, Gothemburg – Suécia.
49. Liv.4.

50. Lcd.2 – "Planejamento e controle do setor de empresas estatais", Ipea/Cepal, Brasília, 1984, coeditor e coautor da apresentação: *Estatais e política econômica*.

VII.2. In: Horace Freeland Judson – "The Eighth Day of Creation", Simon & Schuster, New York, 1979, citado em *Ponto de mutação*, de Fritjof Capra, p. 115.

51. Lit.2.

52. Mpq.5 – *Metodologia para avaliação de projetos multinacionais*", elaborado a pedido da Onudi, em 1978. Reproduzido como texto para discussão do Departamento de Economia da UnB.

53. Pre.1 – Prefácio do livro *Sistema nacional da economia política*, de Friedrich List, da coleção Os Economistas, da Editora Abril, São Paulo, 1986.

54. Vid.1 – "O sonho da modernidade, obra em vídeo, escrita, apresentada e veiculada no programa Estação Ciência.

55. Liv.1; Lit1; Lpa.3 – *Democratization-économie et développement – la place de l'enseignement supérieur*, Aupelf, Paris, 1992; Lpa.4 – *Os desafios da administração universitária*, Editora da UFSC, Florianópolis, 1989, colaboração: *Na fronteira do futuro*; Mpq.1; Mpq.2; Mnp.1; Mnp.3 – *On the Border of the Future: the University's Challenge*, apresentado no Global Forum for the Management of Post-Secondary Education in Developping Countries, Manitoba University, Canada, set. 27-30, 1991; Mnp.4 – *Ponto de partida – relatório da reitoria da UnB 1985/1989*; Mnp.5 – *A questão da universidade hoje*, Unijuí, RS, jan. 1990.

56. Liv.1; Are. 6 – "Universidade tridimensional – multidisciplinaridade e integração", *Revista IGLU – Inter-american Journal of University Management*, Quebec, n. 1, Out. 1991.

SOBRE O AUTOR

Cristovam Buarque nasceu em Recife (PE). É graduado em Engenharia Mecânica pela Universidade Federal do Pernambuco (UFPE) e doutor em Economia pela Sorbonne, França. Trabalhou durante vários anos no Banco Interamericano de Desenvolvimento no Equador, em Honduras e nos EUA – em Washington, na sede desse banco. Em 1991, prestou o concurso para professor titular da Universidade de Brasília (UnB) – com a tese *Da ética à ética – minhas dúvidas sobre a economia* –, onde é professor desde 1979 e da qual já foi reitor. Foi governador do Distrito Federal (DF), ministro da Educação e, atualmente, além de professor, é senador, desde 2002, pelo DF.

Ao longo de sua carreira, publicou 27 livros por editoras conhecidas, alguns deles com edições no exterior, outros publicados por entidades como o Senado Federal do Brasil. Mantém há três décadas colunas regulares em jornais nacionais e no exterior, com cerca de 1000 artigos já publicados, além de dezenas de outros publicados em revistas. É conhecido por suas inúmeras palestras no Brasil e no exterior, nas quais formula uma concepção crítica da teoria econômica e uma visão alternativa para o processo de desenvolvimento civilizatório.

Ficou conhecido também como o "senador da educação" a partir de sua campanha presidencial em 2006, quando defendeu a necessidade de o Brasil dar um salto para se transformar em uma economia do conhecimento e em uma sociedade mais justa, ao assegurar educação de base com qualidade equivalente para toda criança brasileira. Faz parte do Conselho Diretor da Universidade das Nações Unidas e preside a Subcomissão do Senado para acompanhar a Cúpula das Nações "Rio + 20", que debate o futuro da humanidade.

Os papéis utilizados neste livro, certificados por instituições ambientais competentes, são recicláveis, provenientes de fontes renováveis e, portanto, um meio **respons**ável e natural de informação e conhecimento.

Impressão: Reproset
Abril/2021